魅力的で特色ある園をめざして

よくわかるカリキュラム・マネジメントの進め方

神長美津子（國學院大學）

保育ナビブック

はじめに

　「カリキュラム・マネジメント」という言葉から、どのようなイメージを抱くでしょうか。園によっても、また、園長や主任、教職員等の立場によっても異なると思いますが、「カリキュラム・マネジメントをしなくては」と、新たな課題として受けとめている方が多いのではないでしょうか。

　もちろん、よりよい教育・保育をめざしたカリキュラム改善には、これまでも取り組んできたことでしょう。本書では、カリキュラム・マネジメントの確立は「新たな課題」ではなく、「特色ある園づくり」のための方法として捉えています。そして、カリキュラム・マネジメントがめざしていることと、すでに様々な園でこれまでに取り組んできたことを結びつけながら、その進め方についてわかりやすく解説することを目的としました。

　カリキュラム・マネジメントとは、カリキュラムの編成・実施・評価・改善や、地域に開かれた園運営、教職員の資質向上、保護者との連携等々、これまでそれぞれに取り組んできたことについて、園のグランドデザインを背景にし、カリキュラムを軸にしながら、有機的なつながりをつくっていくことです。さらには、そのことによって、その園ならではの特色を創り出していく営みです。

　このことは、本書の「我が園のカリキュラム・マネジメント」として紹介する４園の取り組みからも明らかです。各園のカリキュラム・マネジメントには、それぞれに歴史があり、かつ当面する課題を解決しようとする教職員の「専門家としての知恵」があります。ある意味では、園の「弱み」だったかもしれませんが、いつの間にか園の特色となり、質の高い幼児教育・保育の実現につながっています。

　なお、本書では、「教育」「幼児教育」「保育」は、その使い方の明確な線引きが難しいこともあり、「教育・保育」「質の高い幼児教育・保育」といったように文脈にあわせて適宜用いています。ただ、表記の違いはあっても、これらはすべて「生きる力」の基礎となる質の高い教育や幼児教育と、一人ひとりのよさや可能性を活かす質の高い保育によって支えられているという考えに根ざしたものであることをご理解ください。

　　　　　　　　　　　　　　　　　　　　　　　　　　　　神長美津子

魅力的で特色ある園をめざして
－よくわかるカリキュラム・マネジメントの進め方－

もくじ

はじめに	3

第1章　今、なぜカリキュラム・マネジメントなのか

1 資質・能力の育成のために	8
2 幼児教育・保育の質向上のために	11
3 園の特色づくりのために	14
● 我が園のカリキュラム・マネジメント 　　幼児理解に基づいた全教員による「年間指導計画」作り 　　中央区立有馬幼稚園	17

第2章　カリキュラム・マネジメントをどう進めていくか

第1側面　カリキュラムの編成	20
1 園のグランドデザインを共有する	21
2 幼児教育・保育におけるカリキュラム	25
3 鍵を握る「年間指導計画」の評価と改善	29
● 我が園のカリキュラム・マネジメント 　　園行事を通してカリキュラム・マネジメントを進める 　　学校法人静岡豊田学園 静岡豊田幼稚園	33
第2側面　カキュラムの実施と評価	35
1 PDCA サイクルの展開	36

2 日々の保育実践とカリキュラム・マネジメント　　　40

3 「幼児期の終わりまでに育ってほしい姿」との関連　　　44

● 我が園のカリキュラム・マネジメント　　　48
「教育標準時間外の保育」から1日の生活を見直す
文京区立お茶の水女子大学こども園

第3側面　カリキュラムの改善　　　51

1 ハード面とソフト面の有機的なつながりをつくる　　　52

2 保護者と共に歩む　　　56

● 我が園のカリキュラム・マネジメント　　　60
「『もの』とのかかわりを通して学ぶ姿」を捉えたカリキュラムの改善
宇都宮大学教育学部附属幼稚園

第3章　カリキュラム・マネジメントを支える組織づくりとは

1 園長に期待されるプロデューサーとしてのリーダーシップ　　　64

2 教職員の話し合いの場から PDCA サイクルの好循環へ　　　67

3 鍵を握るミドルリーダー　　　70

4 教職員の連携を深める組織づくり　　　73

5 カリキュラム・マネジメントを推進する園内研修　　　76

おわりに　　　79

第**1**章

今、なぜ
カリキュラム・マネジメント
なのか

幼児教育・保育の質を向上させるカリキュラム・マネジメントが今、求められています。その背景にある考え方や具体的に求められていることを確認しましょう。

1 資質・能力の育成のために

学校教育において育成すべき資質・能力

　中央教育審議会答申「幼稚園、小学校、中学校、高等学校及び特別支援学校の学習指導要領等の改善及び必要な方策等について」(2016年12月。以下、中教審答申(2016年))では、情報技術の飛躍的な進化等を背景として、いわゆる予測困難な時代を迎えるにあたって、学校教育では、未知の状況にも対応できる力を着実に身に付けていくために、「生きる力」を資質・能力として具体化し、教育目標や教育内容等に明確に示して「教育課程」を編成・実施することが求められることを提言しています。このため、『学習指導要領』等では、学校教育において18歳までに育成すべき資質・能力を明確にし、各学校（園）はそれらを踏まえて「教育課程」を編成・実施することとしています。具体的には、以下の**資質・能力の3つの柱**になります。

ア、何を理解しているか、何ができるか（生きて働く「知識・技能」の習得）

イ、理解していること・できることをどう使うか（未知の状況にも対応できる「思考力・判断力・表現力等」の育成）

ウ、どのように社会・世界と関わり、よりよい人生を送るか（学びを人生や社会に生かそうとする「学びに向かう力・人間性等」の涵養）

　例えば、歴史上の出来事や人物をたくさん記憶しているだけではなく、なぜその時代にその出来事が起こったのか、その人物はどのような背景をもっていたのか等を調べて推察していく中で、知識が相互につながり、関連づけて理解していく過程や、それらを言葉や文章に表現したり、他者と意見交換したりして多様な視点から考えを深めていく過程を重視することが、学びに向かう力や人間性を育んでいくことになります。これからの学校教育がめざす学力です。

　そのためには、幼児教育から高等学校教育までの各学校（園）段階等において、育むべき視点を明確化する必要があるので、幼児教育段階の視点が、2017年改訂（定）の『幼稚園教育要領』『保育所保育指針』『幼保連携型認定こども園教育・保育要領』（以下、要領・指針）に示されているのです。

アクティブ・ラーニングとカリキュラム・マネジメント

　学校教育において育成すべき資質・能力の3つの柱を考えていくためには、「どのように学ぶのか」を追求することが不可欠です。つまり、これまでの各学校（園）の取り組みや成果を前提に、教え方や学び方の質をどう転換するかが問われており、アクティブ・ラーニングの視点から不断の指導改善が求められます。また、その実践を支えるカリキュラム・マネジメントを確立させる必要があります。

　幼児教育では、**「何ができるようになるか」**

（育成を目指す資質・能力）のためには、「**何を学ぶか**」（「教育課程」の編成）、「**どのように学ぶか**」（指導計画の作成と実施、指導の改善）、「**子供一人一人の発達をどのように支援するか**」について改め、その結果「**何が身に付いたか**」（「教育課程」の評価）、さらに「改善のために必要な方策は何か」という循環が重要であり、それを好循環としていくためにカリキュラム・マネジメントを実施していくことが不可欠なのです。

今、求められているカリキュラム・マネジメント

　カリキュラム・マネジメントとは、各学校（園）の目標の実現に向けて、子どもの地域や家庭での生活の実態を踏まえ、カリキュラムを編成・実施・評価し、改善を図るというPDCAサイクルを実施していくことです。これまでの学校評価や、各学校（園）の自己評価・自己点検に相当します。

　これまでも実施してきたにもかかわらず、今回、改めて「カリキュラム・マネジメントの確立」として取り上げられた背景には、時代の急速な変化を踏まえ、各学校（園）段階等で、また各学校（園）で、子どもたち一人ひとりに資質・能力の3つの柱につながる体験を確実に保障していきたいという熱い願いが込められています。

　各学校（園）におけるカリキュラム・マネジメントの確立を通して、「教育課程」を

学校教育において育成すべき資質・能力の3つの柱

学びに向かう力 人間性等

どのように社会・世界とかかわり、よりよい人生を送るか

カリキュラム・マネジメントの確立
「主体的・対話的で深い学び」の実現

知識・技能

何を理解しているか
何ができるか

思考力・判断力・表現力等

理解していること・できることをどう使うか

（中教審答申（2016年）資料をもとに神長作成）

軸とした学校（園）運営を行うことにより、以下のことが可能となっていくと考えます。

第1は、教育目標の設定、「教育課程」の編成・実施、学校（園）運営等も重要ですが、実際には、教育目標の設定や学校（園）運営などをそれぞれに考えてしまうところがあります。カリキュラム・マネジメントを通じて、特に、「教育課程」の編成・実施と学校（園）運営は表裏一体となることを通して、より戦略的に学校（園）運営を考えていくことが可能となります。目標を掲げるだけではなく、いかに目標に近づいていくかが重要になってくるのです。

第2は、「教育課程」のPDCAのサイクルを着実に実施していくことで、教育実践の中で、「教育課程」の理念の実現をより意識するようになります。

第3には、カリキュラム・マネジメントの導入により、教職員の意識改革を図ることができます。カリキュラム・マネジメントを通して、「教育課程」と日々の実践、学校（園）運営と学級経営をつなぐとともに、教職員間のつながりも深まり、組織の一員としての自覚をもって協働の体制を構築することが可能となります。

カリキュラム・マネジメントを通じて、教職員一人ひとりが、**「カリキュラムを作る」「カリキュラムを実施する」「カリキュラムを改善する」「カリキュラムの実践を重ね目標の実現に向かう」**と、主体的な意識をもち、教育活動に臨むことができるのです。

教育活動の質を向上

この中教審答申（2016年）を受けて、『幼稚園教育要領』では、第1章 総則の第3 教育課程の役割と編成等において「**（略）、教育課程に基づき組織的かつ計画的に各幼稚園の教育活動の質の向上を図っていくこと（以下「カリキュラム・マネジメント」という。）に努めるものとする**」とその重要性を指摘し、また、第6 幼稚園運営上の留意事項において、「**（略）、各幼稚園が行う学校評価については、教育課程の編成、実施、改善が教育活動や幼稚園運営の中核となることを踏まえ、カリキュラム・マネジメントと関連付けながら実施するよう留意するものとする**」と、その進め方を述べています。『幼保連携型認定こども園教育・保育要領』でも、第1章 総則の第2 教育及び保育の内容並びに子育て支援等に関する全体的な計画等に、同様の内容が示されています。『保育所保育指針』においては、第1章 総則の3 保育の計画及び評価のところで述べています。

各園においては、園評価としてこれまで実施してきたことを確認するとともに、さらに組織的かつ計画的にカリキュラム・マネジメントを実施するためには何が課題かを明確化して、質の高い幼児教育・保育を実現していきたいものです。

2 幼児教育・保育の質向上のために

「幼児教育」「保育」とは

2017年改訂（定）の要領・指針において、3歳以上児の「**ねらい及び内容**」に関する記載がおおむね共通化され、いずれの施設形態においても、質の高い幼児教育・保育の実現が求められています。小学校入学前の教育において、「**保育**」とともに「**幼児教育**」という言葉も使われるようになりました。

なぜ、改めて「**幼児教育**」なのでしょうか。「**保育**」と「**幼児教育**」は、異なるのでしょうか。

「**保育**」という言葉は、明治以来、幼稚園教育や保育所保育において広く使われてきました。昭和22年（1947年）『児童福祉法』に基づく保育所と、『学校教育法』に基づく幼稚園という二元の保育行政がスタートすると、行政的には、「**保育**」という言葉は保育所で使われるようになりました。しかし、一般的には、幼稚園等の教育施設においても、幼児期の教育の具体的な展開を表す言葉として「**保育**」を使います。

それは、生まれてからこれまでの生活経験等を捉えて一人ひとりの発達や興味・関心に添って指導することや、遊びの中で子どもが、今、実現したいと思ってることに添って指導することを意味しています。すなわち、「**保育**」という言葉には、子ども一人ひとりの「過去」や「現在」を受けとめつつ、それに応じていくという意味が込められているのです。

これに対して、「**幼児教育**」という言葉には、子どもたちの「未来」を考える視点が込められているのではないでしょうか。教育の仕事は、本来、教育を受けた子どもが10年後、20年後に社会の一員となって活躍できるようにするために必要な資質・能力を培うことです。

2017年改訂（定）の要領・指針では、教育・保育において、18歳までに育みたい資質・能力を踏まえた「幼児期の終わりまでに育ってほしい姿」が設定されています。

「**質の高い幼児教育・保育**」の実現ということは、これまで大事にしてきた一人ひとりのよさや可能性を引き出す「**保育**」の営みを最大限に活かしつつ、子どもたちの未来を約束していくことと言えます。したがって、「質の高い幼児教育」と言えば、その根底には「質の高い保育」があり、その「質の高い保育」があってこそ、その子の将来を見据えた「質の高い幼児教育」につながっていくことになるのです。

3ページの「はじめに」でも少しふれましたが、本書ではこうした「**保育**」の本質と、現在期待されていることを踏まえて、「**幼児教育**」「**保育**」という言葉を捉えていきたいと思います。つまり、乳幼児期の教育・保育においては、子どもの「過去」と「現在」、そして「未来」を見据えていくことが重要であるということなのです。

幼児教育におけるカリキュラム・マネジメントの3つの側面		
①カリキュラムの編成	**②カリキュラムの実施と評価**	**③カリキュラムの改善**
各領域のねらいを相互に関連させ、「幼児期の終わりまでに育ってほしい姿」や小学校の学びを念頭に置きながら、幼児の調和の取れた発達を目指し、幼稚園等の教育目標等を踏まえた総合的な視点で、その目標の達成のために必要な具体的なねらいや内容を組織すること。	教育内容の質の向上に向けて、幼児の姿や就学後の状況、家庭や地域の現状等に基づき、教育課程を編成し、実施し、評価して改善を図る一連のPDCAサイクルを確立すること。	教育内容と、教育活動に必要な人的・物的資源等を、家庭や地域の外部の資源も含めて活用しながら効果的に組み合わせること。

(中教審答申（2016年）から)

「質の高い幼児教育・保育」は、様々な層から成り立つ

「質の高い幼児教育・保育」には、豊かな体験の保障と発達に沿った指導が必要です。そのためにどうしたらよいでしょうか。

大きく分けて3つの層から考えていく必要があります（13ページ図）。1つ目は、園庭の環境整備等、家庭との連携や教職員間の協働、地域との連携等の◎「**開かれ信頼される園運営**」について、2つ目は、カリキュラム編成・実施における◎「**保育内容の充実**」について、3つ目は、日々の保育記録や研修等の◎「**教職員の資質向上**」についてです。

子どもたちの実態を捉えたカリキュラムがあったとしても、園運営がしっかりしていないと質の向上は期待できません。また、教職員の資質向上が十分図られなければ、カリキュラムに託した意図は実現できません。より質の高い幼児教育・保育を実現していくためには、カリキュラムの実施状況を見ながら、編成・実施の諸課題を探るとともに、そこに関連する園運営や教職員の資質に関連する諸課題を改善していくことが必要です。

もちろん、こうした要因を考える前提として、幼稚園教育、認定こども園教育・保育、保育所保育にかかわる様々な法律等があり、これらをベースにして、園運営やカリキュラム、教職員の資質向上にかかわることの

いくつもの層が重なって、初めて質の高い幼児教育・保育を持続的・継続的に提供できるようになっていくのです。

幼児教育におけるカリキュラム・マネジメントの課題

中教審答申（2016年）では、「**幼稚園等では、教科書のような主たる教材を用いず環境を通して行う教育を基本としていること、家庭との関係において緊密度が他校種と比べて高いこと、預かり保育や子育ての支援などの教育課程以外の活動が、多くの幼稚園等で実施されていることなどから、カリキュラム・マネジメントは極めて重要である**」と、幼児教育におけるカリキュラム・マネジメントの重要性とともにその課題を指摘しています。

幼児教育・保育は、教科書がなく、よく**「見えない教育」**と言われています。そのため、カリキュラムの実施状況を把握することにおいても、それらを可視化して家庭や地域に発信することにおいても、課題は多く相当に工夫していかねばなりません。

このため中教審答申（2016年）では、幼児教育におけるカリキュラム・マネジメントについて、3つの側面（上表）から考えることを提案しています。第2章では、この3つの側面を重視してカリキュラム・マネジメントの進め方を述べていきます。

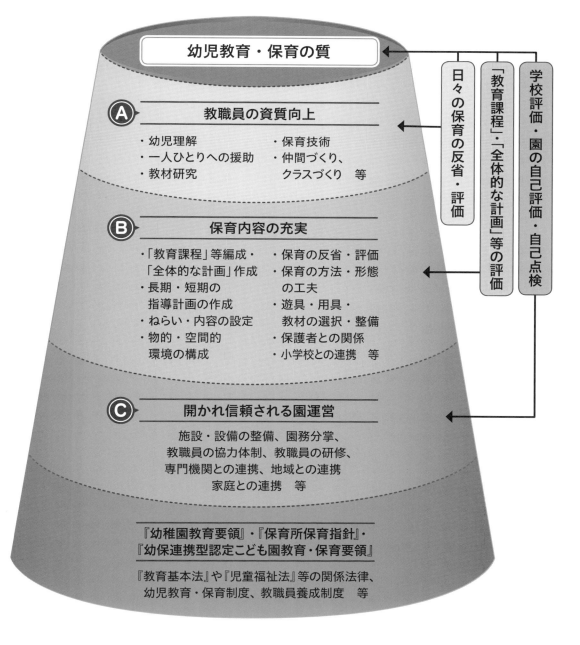

3 園の特色づくりのために

カリキュラム・マネジメントの目的

いつの時代も、幼児教育・保育の質向上は求められますが、とりわけ、今、学校教育全体の改革で進められている「資質・能力を育む教育の実現」に向けて、カリキュラムの中では、「何を学ぶのか」とともに、「どのように学ぶのか」（アクティブ・ラーニング）が問われ、個々の教職員の指導の工夫や教材研究が重要になっています。その上で、そのカリキュラムの実施状況を把握し、課題があればそれを改善していくという、カリキュラム・マネジメントを重ねることから、幼児教育・保育の質の向上を図っていくことが大切です。

つまり、資質・能力を効果的に育成するためには、目標や内容と評価は一体的に実施することが求められ、各園において、早急にカリキュラム・マネジメントを確立することが必要なのです。その際、**幼児教育におけるカリキュラム・マネジメントの3つの側面**」（12ページ上図）から捉えていくことが大切です。

しかし、各園で実際に取り組んでいるカリキュラム・マネジメントは多様です。今回カリキュラム・マネジメントを通して、改めて幼児教育・保育の質の向上を考えようとしていたある園長先生が「**どこから始めたらよいのかがわからない。つかみどころがない**」と悩んでいました。

様々なカリキュラム・マネジメントの取り組み

あるカリキュラム・マネジメントをテーマにした研修会でのことです。グループ・ワークでは、各園が実践しているカリキュラム・マネジメントを報告し、その報告を踏まえてカリキュラム・マネジメントを進める上での課題をまとめ、グループの話し合いの結果を全体協議で報告していました。その報告を聴きながら、各園では様々な形でカリキュラム・マネジメントが進められていて、それぞれに特色があるということがわかりました。ここで、そのいくつかを紹介します。

園での
カリキュラム・マネジメントの実際
●A園

若い教職員が多いので、今年度の1年間は、日々保育記録の書き方に焦点を当てている。定期的に開く園内研修では、教職員がそれぞれに保育記録から読みとれることを報告している。話し合いを重ねる中で、教職員間で幼児理解や発達の理解は共有されてきたように思う。園内研修で話し合ったことをもとに、それぞれの学年ごとの「年間指導計画」に訂正を入れてはいるが、それを話し合う時間はとれない。来年度は、訂正を入れた「年間指導計画」を見直していきたいと思っている。

●B園

　自然物を活かした造形活動を中心に教材研究をしている。園内外には四季折々に変化する自然環境はあるが、うまく活用されていないのではないか、むしろ毎年同じ素材を同じように取り上げているので、子どもたちの実態から離れているところがあるため、その反省から、この視点でカリキュラム・マネジメントを取り上げてみようとした。例えば、「秋の自然」をテーマにしたドングリなどの木の実や木の葉などの自然物を使った造形活動では、ドングリの種類を変えるだけで、子どもたちの気づきや発見、見立てが異なり、造形活動も異なっていた。「いつもの造形遊び」ではなく、「ワクワクドキドキする造形遊び」になった。

●C園

　小学校との交流・連携を模索している。「幼児期の終わりまでに育ってほしい姿」や小学校の学びの姿を踏まえて「教育課程」を編成すると言っても、教職員の多くは最近の小学校の授業を見たことがない。交流すると言っても限られているので、子どもたちにとってはもちろんだが、教職員にとっても学びの機会をもてるようにしたい。そこで、5歳児の交流活動の際には、担任から、子どもたちの様子だけでなく、事前事後にどのような配慮を行っているかなどを報告してもらっている。

　5歳児担任の当事者は、いろいろ語って

くれるが、なかなか園全体では共有できないことが多い。今度近隣の小学校の先生を園内研修に招いてみようと思う。

それぞれの園の課題を踏まえた進め方

　こうした園の取り組みを聞いていると、確かにカリキュラム・マネジメントは様々であり、どうすればカリキュラム・マネジメントが確立していくのかが見えにくく、先の園長先生の「つかみどころがない」という言葉が理解できます。おそらく**「100園あったら、100通りのカリキュラム・マネジメントがある」**と言っても過言ではありません。まず大事なことは、それぞれの園の課題を踏まえて取り組んでいるかどうかです。それぞれの園の課題を整理してみましょう。

　A園は、若い教職員が多いので、先ず日々の保育記録を書き、教職員間での子ども観や発達観を共有し、園の保育を理解していくことが課題です。B園は、保育のマンネリ化から脱却する1つの切り口として自然物を使った教材研究を取り上げています。まさに子どもたちが経験し、学んでいることを「自然物を活用した教材の開発」という切り口から考えています。C園は、「幼児期の終わりまでに育ってほしい姿」をどう「教育課程」に反映していくかに悩んでいます。そのために小学校との連携を進めていきたいと思うのですが、連携先の小学校との調整もなかなか思うように進められ

ません。限られた機会を活かしながら、その成果を全教職員で共有していこうとしています。

課題を共有し、園の特色としていく

カリキュラム・マネジメントを進める上で大事なことは、園の課題から出発していることですが、同時に必要なことは、いかにして、その課題を全教職員で共有していくかです。

園の課題は、ある意味では、「園の弱み」なのかもしれませんが、カリキュラム・マネジメントを通して全教職員で共有することにより、改善することが意識されるようになり、園の特色にもなっていく可能性があります。

そこには、我が園の子どもたち一人ひとりが健やかな成長を遂げて、生きる力の基礎につながる資質・能力を確実に身に付けさせたいと願う教職員の思いがあり、幼児教育の専門家としての創意工夫があるのです。カリキュラム・マネジメントは、園の特色をつくることなのです。

園の課題改善が園の特色になる

・園庭の環境を見直し、自然体験を積極的に取り入れる。
・自然体験の意義を家庭・地域に発信し、就学以降の生活や学習につなげる。

地域で信頼される園

幼児理解に基づいた全教員による「年間指導計画」作り

中央区立有馬幼稚園（東京都中央区）　園長／箕輪 恵美

園の概要

●園の規模
3歳児64名、4歳児45名、5歳児65名
教職員15名

●園の実態
　本園は開園以来74年間、老舗の店舗も多いにぎやかな街中に位置し、地域の公立幼稚園として愛されてきました。近年は園児数・学級数が増加し、新規採用教員が毎年のように着任しています。若手を主体とした担任たちは日々の実践に精一杯向き合っていますが、園の「教育課程」や指導計画等と日々の教育活動を関連づけること、学校評価や「教育課程」の編成に深くかかわることには十分ではない現状がありました。

●カリキュラム作りの特色
　教員一人ひとりがカリキュラム・マネジメントの考えを理解し、教員の指導力と園全体の教育力の向上を図るために、次のような取り組みをしています。
・日々の実践を省察する力を磨く
・幼児理解に基づいた評価を軸にする
・「教育課程」の編成に全教員が参加する

カリキュラム・マネジメントの実際

●日々の実践を省察する力を磨く
　子どもと共に過ごす1日の中では様々な出来事が起こります。翌日起こることをあれこれ想像しながら準備をしたことが、子どもの思いと合っていることもあれば肩透かしをくらうこともあります。目に見える言動だけでは心の内がわからずに悶々とする一方で、なんとかつかもうと努力していると、霧が晴れるようにふっと子どもの心の内が見える瞬間もあります。
　省察とは、そのような日々の出来事を思い返す中で自分の指導を客観的に見つめ直し、手応えを確認したり課題を見つけて次の一手を考えたりすること、そして、一人ひとりの子どもをより深く理解することです。省察するためには「書きながら考える」こと、つまり「記録」することが有効です。書くことによって頭の中が整理され、思考の過程が記憶に留まるからです。
　本園では教員が個々の力量に合わせて省察しやすいよう、日々の記録の様式を自由にしました。また、会議や全体作業では開始と終了の時間を決め、各自の時間を確保できるようにしています。日々のていねいな振り返りから子どもの内面に迫ることや自分の言動を掘り下げて考えることで、課題や改善策が発見できるようになってきました。また、翌日に向けての準備も、確かな裏づけのあるものとなりつつあります。

●幼児理解に基づいた評価を軸にする
　カリキュラム・マネジメントでは、指導の改善につながる評価を実施することが欠かせません。本園では、評価は特別なことではなく、日々の実践の振り返りに始まり、

学期の終わりや大きな行事の後など、年間を通して様々な場面で積み重ねています。その総括として、年度末にはUDDRの考えを基盤に学校評価を行っています。

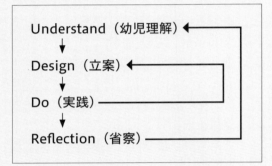

　教育は計画ありきではなく幼児理解から始まるものであり、緻密な中にも遊び心のあるデザインを立案して実践する中で、必要に応じて微調整し、よりよきをめざすものです。創意工夫のある実践に努め、日々省察しながら幼児理解を深めることで、次のデザインをより正確でより豊かなものにしていきます。

● 「教育課程」の編成に全教員が参加する

　「教育課程」は園のめざす教育の根幹をなすものです。「教育課程」を編成する行程は次年度の教育がどうあるべきかを語り合う貴重な機会となりますが、本園ではここ数年、若手教員が「教育課程」の編成に携わっていませんでした。その結果、若手にとって園のめざす方向の全体像がよく見えない＝見通しをもてないという課題が生じていました。

　そこで、年度始めに作成した「重点目標」を教員にも保護者にも周知し、年間を通して「重点目標」に示した内容を意識しながら教育活動を展開し、子どもたちが経験していることや成長の様子を学級だよりや学級懇談会などで具体的に知らせるようにしました。また、年度末の学校評価や次年度の「教育課程」編成の際には、全教員が1人1役をもつように分担し、担当者が作成した案を全教員で意見を交わしながら練り上げました。作成の過程に全教員がかかわったことで、次年度の方向性を共通理解することができ、行事を組む際にも1年間を見通して立案することができるようになりました。

成果と課題

　カリキュラム・マネジメントの実現をめざしてきたことで、日々の実践が園の教育目標につながっているということ、園の教育の根源には『幼稚園教育要領』があること、園の教育の先には小学校教育がつながっていることなどを改めて確認し、一人ひとりが意識することができました。この取り組みを継続しつつ、園の指導計画の修正にも取り組み、実態に即したより望ましい内容とすることで教育の質を高めていきたいです。

第**2**章

カリキュラム・マネジメントを
どう進めていくか

カリキュラム・マネジメントの進め方を、大きく３つの
側面に分けて解説します。適切な手順でカリキュラム・
マネジメントを実践することが、園の幼児教育・保育の
質向上の近道になります。

第2章

第1側面 カリキュラムの編成

　幼稚園や保育所、認定こども園において
は、『幼稚園教育要領』や『保育所保育指針』、
『幼保連携型認定こども園教育・保育要領』
に示す5領域の「ねらい」が総合的に達成
されるよう教育・保育を行うことが求めら
れています。このことを踏まえ、各園の子
どもたちの発達の実情、園や地域の実態に
沿って、創意工夫をして、幼稚園において
は「教育課程」の編成、保育所や認定こど
も園においては「全体的な計画」の作成が
適切に行われる必要があります。

　また2017年改訂（定）の要領・指針では、
園生活全体を通して、幼児期の子どもたち
に生きる力の基礎を育むことが必要とされ
ています。そのことから、教育・保育にお
いて育みたい資質・能力の3つの柱（下表）
が示され、活動全体を通してこれらが育ま
れるカリキュラムの編成を求めています。

　さらに2017年改訂（定）の要領・指針では、

教育・保育において育みたい資質・能力が
育まれている具体的な姿を「幼児期の終わ
りまでに育ってほしい姿」として示してい
ます。

　したがって、カリキュラム・マネジメン
トを進める際には、まずカリキュラム編成
の際に「幼児期の終わりまでに育ってほし
い姿」や小学校の学びを念頭に置きながら、
幼児の調和のとれた発達をめざし、幼稚園
等の教育目標等を踏まえた総合的な視点で、
その目標の達成のために必要な具体的なね
らいや内容を設定することとされています。
その上で、本節では、カリキュラムの編成
段階で留意すべきことを考えます。

・グランドデザインをどう練っていくか。
・幼児教育のカリキュラム作成の再考。
・「よりよい」をめざし、「年間指導計画」を
　どう見直すか。

教育・保育において育みたい資質・能力の3つの柱		
豊かな体験を通じて、感じた り、気付いたり、分かったり、 できるようになったりする「知 識及び技能の基礎」	気付いたことや、できるよう になったことなどを使い、考 えたり、試したり、工夫したり、 表現したりする「思考力、判 断力、表現力等の基礎」	心情、意欲、態度が育つ中 で、よりよい生活を営もうと する「学びに向かう力、人間 性等」

1 園のグランドデザインを共有する

　カリキュラム・マネジメントは、組織的に課題解決をしていく営みです。したがって、園長のリーダーシップの下で教職員間の協力体制をつくることが不可欠であり、園のグランドデザインの策定は、その体制をつくるきっかけになっていきます。

園のグランドデザインとは

　園のグランドデザインとは、園の教育理念や果たすべき役割、どのような方策で園の目標を達成するのかを描いた園経営の全体構想図です。「教育課程」や「全体的な計画」を実施する拠り所になるものであり、園の5年後、10年後を見通す、あるいは地域の幼児教育・保育施設としてどんな役割を担っていくか等、長いスパンでかつ広い視野をもって策定します。ここでは、幼児教育・保育の目標に沿って、そのために園経営として何をどうするかの方策もあらかじめ考えます。

　おそらく、園長の頭の中には、建学の精神や園の実態を踏まえた園経営の理念があり、それを踏まえて日頃の園経営を行っていると思います。しかし、教職員がカリキュラム・マネジメントに主体的に参画し、質の高い幼児教育・保育を実践していくためには、「めざす子ども像」に向かって、園組織がどう動いていくか、園がもっている幼児教育・保育資源をどのように活用していくのかなどの園のグランドデザインを図式化してわかりやすく示したものが必要です。

　それは、組織のあるべき姿を示したものであり、教職員一人ひとりが、その中で自分はどのような役割を果たしていくかを考える手がかりになるものと言えます。グランドデザインは、カリキュラム・マネジメントの地図となるものです。

　グランドデザインという言葉は、公立の小学校や中学校では、カリキュラム・マネジメントを進める際によく使われますが、幼稚園や保育所、認定こども園では、あまり馴染みのない言葉かもしれません。ただ、「教育課程」の編成や「全体的な計画」を作成する上で、教職員での話し合いの場は園でも設けているのではないでしょうか。園でのグランドデザインの策定では、園経営にかかわることを絡めて教育内容全体を見渡しながら、目標を達成するための方略を探したり確認したりします。

　教職員がグランドデザインの策定に参画していく目的は、園組織の一員としての自覚と、園目標の実現に向かって連帯感をもつことにあります。

　おそらく、教職員は、日々の実践やクラス担任としての仕事、園務分掌の仕事、保護者への対応など、様々な事柄に熱心に取り組み、また個別の事柄にきめ細かに応じていると思います。ただ日々のことに追われるあまりに、自分が取り組んでいることと、園全体の目標の実現のために取り組んでいることとの間に乖離が生じ、日々の努力が園

の目標の実現にどのようにつながっているのかを考えなくなってしまっては問題です。

カリキュラム・マネジメントでは、何に向かって、どのようなことをマネジメントするのかが重要です。そのためには、教職員が、なんらかの形で園のグランドデザインの策定に参画し、それを共有していくことが必要なのです。

逆に、教職員が園のグランドデザインの策定に全くかかわらないままに、カリキュラム・マネジメントを進めたとしても、幼児教育・保育の質向上につながる改善にはなりません。

もちろん、グランドデザインの策定の責任は園長にあり、実際には、園長や副園長、主任等が中心になって策定にかかわるのだと思います。しかし、教職員も何らかの形でその策定に参画し、それを共有する機会を得ることが大切であり、カリキュラム・マネジメントをスムーズにしていくことにつながると考えます。

園のグランドデザインの構成内容

園のグランドデザインを策定する際、どのような情報を押さえておいたらよいでしょうか。また、園のグランドデザインの構成内容として、どんなことが考えられるでしょうか。

特に、グランドデザイン策定には、手順や方法が決められてはいません。それぞれの園の特色や地域の実態を把握しながら考えていくことが大切です。

策定に必要になるだろうと思われることをあげてみると、まず、幼児教育・保育に対する社会からの期待・要請や学校教育全体の動向、地域社会からの要望など、幼児教育・保育を取り巻く状況や園を取り巻く環境を把握し、我が園として応えるべきことを整理する必要があります。

また、子どもたちの実態と、保護者の思いや期待、地域の実態などの子どもや子育てを取り巻く状況の把握も必要です。その上で、我が園の「めざす子ども像」や「教育・保育目標」、「教育・保育理念」を明らかにします。

「めざす子ども像」を巡る話し合い

園のグランドデザインに「めざす子ども像」をどのように記すかは、「教育課程」編成や「全体的な計画」作成の一環でもあり、カリキュラム・マネジメントの軸となるものです。「めざす子ども像」に沿って教育目標を設定し、カリキュラムを作成します。

しかし、「めざす子ども像」は、各園で大事にする子ども観や教育・保育観を裏づけにして設定しているので、そう頻繁に検討したり見直したりすることはないと思います。とはいえ、数年間の実施状況を見ながら、教職員で話し合う機会をもつことは大事です。特に、若い教職員が入ってきた時

には、「めざす子ども像」についての意見交換は必要です。

　D園の取り組みですが、「明るく、元気で思いやりのある子ども」という「めざす子ども像」を掲げてカリキュラムを編成し、数年間そのままでした。

　しかし、子どもの育ちの実態や園を取り巻く環境が年々変化しつつある中にあっては、カリキュラムの実現状況を把握する過程で「めざす子ども像」の意味や意義について確認することも必要ではないかという意見が出され、話し合いの機会をもつことになりました。

　その結果「めざす子ども像」そのものは変えなくてもよいが、それを具体化した教育目標や、取り組み方には改善が必要ではないかという結論になりました。

　「明るく、元気で思いやりのある子ども」の意味は、情緒が安定し、好奇心や探究心をもって様々な人や物とかかわりながら自己発揮する中で、思いやりのある子どもに育ってほしいという願いを示しています。子ども像としては引き続き大切にしたいと考えますが、人間関係がますます希薄化している現状にあっては、自己発揮する姿から「思いやりをもつ子ども」に至る過程には、家庭との連携や教職員の資質向上も含めたきめ細かな対応が必要ではないかということになり、グランドデザインの中での「家庭との連携」と「教職員の資質向上」を、もっとクローズアップすべきという結論になりました。

目標達成に向けての 具体的な取り組みを話し合う

　D園では、まず、「明るく、元気で思いやりのある子ども」という「めざす子ども像」に対して、「教育目標」として、「1．園生活を楽しみ、自分の力で行動することの充実感を味わう」「2．いろいろなことに好奇心や探究心をもち、自ら身近な環境にかかわる」「3．先生や友だちとのかかわりを深め、思いやりの気持ちをもつ」の3点をあげました。

　次に、目標達成に向けての具体的な取り組みをあげ、整理していきます。その際、「我が園の強みを活かすとしたら……」「我が園の弱みを考えると……」等、各園の実情を踏まえて、限りある園の人的・物的資源を有効に活用していきます。

　D園では、特に「2．いろいろなことに好奇心や探究心をもち、自ら身近な環境にかかわる」については、入園してくる子どもの姿を見て、少し危機感をもっていました。自然環境にせよ、物とかかわる体験にせよ、体験不足の子どもが目立ちます。教職員のかかわり方も工夫しなくてはいけないと考えていますが、子どもたちの手先も不器用なので、何かを実現したいと思っていても、自分の力ではうまく実現できないことも多く、つい教職員が手伝ってしまうことが多いようです。

　こうした子どもたちの実態を踏まえると、幼児期の体験活動については、保護者に伝

えながら、家庭と連携・協力をすることが必要ではないかと考えました。

「めざす子ども像」と「教育目標」に沿って、子どもたちの自然体験や物とかかわる体験を重視するために取り組むべき重点事項をあげてみます。

・体験を深めることをテーマに、「教育課程」の改善を図る。
・「教育課程」の改善にともない、園内外の自然環境や教材、園行事等の見直しを図り、「年間指導計画」を修正する。
・教材研究を深め、物とかかわる体験を豊かにする。
・家庭との連携を深め、園のカリキュラムについて理解と協力を得る。
・地域の人々と連携する（活動への参加）。
・教職員の資質向上を図る（指導技術や連携体制の整備）。

園のグランドデザインを説明する

園のグランドデザインは、なぜこの目標なのか、目標達成のために取り組むべきことは何かを、できるだけわかりやすくするために1枚の紙に図式化して示すようにします。教職員にはもちろんですが、地域や保護者に対しても、グランドデザインに合わせて、その結果どのような成果が得られるのかなどについて説明し、園の教育・保育についての理解と協力を得るようにします。また、学校評議委員会でも活用し、園経営に対する信頼が得られるようにすることも大切です。

2 幼児教育・保育におけるカリキュラム

遊びを通しての総合的な指導である幼児教育の計画では、子どもの視点をいかに計画に取り込むかが重要です。また、最近のカリキュラム研究では、カリキュラムの対象とする範囲が広がり、広義のカリキュラム観に立っています。これらを踏まえ、ここでは、幼児教育のカリキュラム作成を再考します。

「教育課程」とカリキュラム

「教育課程」とカリキュラムの明確な使い分けはありません。「教育課程」を英訳するとカリキュラム（curriculum）となり、一般的には、ほぼ同義の言葉として使われています。しかし、日本の学校教育では、全国的に一定の教育水準をもって学校教育が行われる制度として『幼稚園教育要領注1』や『学習指導要領注2』を定め、それを基準とした「教育課程」は学校教育の行政上の用語として使われています。それに対し「カリキュラム」は一般的に広く使われていて、「教育課程」よりは広い意味で捉えられています。

中教審答申（2016年）で提案するカリキュラム・マネジメントでは、カリキュラムは教育目標、教育内容・教材、学習活動および評価方法を対象としており、広義のカリキュラム観注3に立っていると言えます。

「学んでいること」に着目

カリキュラムと「教育課程」の関係について具体的な事例から考えてみましょう。

『幼稚園教育要領』の領域「環境」の内容である「**身近な動植物に親しみをもって接し、生命の尊さに気付き、いたわったり、大切にしたりする。**」（「教育課程」の基準の段階）を踏まえ、E園では、「教育課程」の5歳児のねらいに「植物の成長に関心をもって接し、世話をする」を設定しました（「教育課程」の段階）。このことを踏まえ、5歳a・b2クラスの2人の担任は、夏野菜の栽培活動を取り入れて子どもたちの興味・関心を育んでいこうと考えました（「年間指導計画」の段階）。

aクラスの担任は、毎日の「お帰りの会」に成長の様子を話題にしました。時々成長の様子を写真に撮り、クラス全員の子どもたちに見せていました。すると、子どもたちは次の日必ずその野菜の様子を観るようになります。ただし、毎日だれが水をやるかでトラブルになっていました（指導案と指導の段階a）。bクラスの担任は、水やりの当番を決めて世話をするようにしました。水やりの当番のトラブルはありませんが、野菜の成長に関して、子どもたちの興味や関心が薄いことが気になっています。隣のaクラスの担任の話を聞きながら、みんなが興味をもつためには指導を見直さなくてはと思っています（指導案と指導の段階b）。学校教育において育成すべき資質・能力の視点から評価すると、どちらのクラスもそれぞれに指導の見直しが必要になりました。

「教育課程」と「年間指導計画」は同じでも、担当する教職員により指導案と指導は異なるので、カリキュラムを通して子どもたちが学んでいることは当然異なります。「どのような指導案の下で、どのような指導か」「どのような評価方法をとるのか」が教育の質を大きく左右することに着目しなければなりません。

今回の『幼稚園教育要領』や『学習指導要領』での教育の質保障のためにカリキュラム・マネジメントを取り上げているのは、こうしたカリキュラム観の変化があります。「子どもたちが何を経験し学んだか」という結果を把握することから、カリキュラムを評価・改善することが求められているのです。

「教育課程」と「全体的な計画」の捉え方

幼稚園においては「教育課程」を編成し、保育所と幼保連携型認定こども園においては「全体的な計画」を作成することとなっていますが、両者は異なるのでしょうか。

幼稚園の「教育課程」は、園の目標に向かい入園から修了までどのような道筋をたどって教育を進めていくかを明らかにするものです。『学校教育法』や『学校教育法施行規則』、『幼稚園教育要領』に基づいています。幼稚園の「教育課程」の「目標に向かう道筋を示す」という考え方は、保育所と幼保連携型認定こども園の「全体的な計画」とも同じです。

保育所は、『児童福祉法』に基づいて乳児・幼児の保育を行う施設であり、卒園の時期は幼稚園と同じでも、入園の時期は子どもによって異なり、それを踏まえて「全体的な計画」を作成します。これは『児童福祉施設の整備及び運営に関する基準』『保育所保育指針』に基づいています。

幼保連携型認定こども園は、満3歳児以上の子どもに対する学校教育と、『児童福祉法』に基づく保育を行う施設であり、保育所と同様に卒園の時期は同じですが入園の時期は子どもにより異なり、それを踏まえて「全体的な計画」を作成します。『認定こども園法』（就学前の子どもに関する教育、保育等の総合的な提供の推進に関する法律）『幼保連携型認定こども園教育・保育要領』に基づいています。

各施設の目的が異なるので、教育・保育の基準も異なりますが、教育・保育内容の5領域のねらい及び内容、内容の取扱いは共通になっています。また「幼児期の終わりまでに育ってほしい姿」も共通です。このように「教育課程」と「全体的な計画」では、スタートの段階や学んでいく過程は異なりますが、幼児期の終わりの段階で、子どもたちが経験し学んでいることを共通にしていく、つまりカリキュラムを通して学ぶことはできるだけ近づけていこうとしています。

「教育課程」の編成と「全体的な計画」の作成

幼稚園における「教育課程」も、保育所

注1) 幼稚園の「教育課程」については、『学校教育法』第 25 条にて「幼稚園の教育課程その他の保育内容に関する事項は、第 22 条及び第 23 条の規定に従い、文部科学大臣が定める。」と定め、『学校教育法施行規則』第 38 条にて「幼稚園の教育課程その他の保育内容については、この章に定めるもののほか、教育課程その他の保育内容の基準として文部科学大臣が別に公示する幼稚園教育要領によるものとする。」と規定されている。

注2) 小学校の「教育課程」については、『学校教育法』第 33 条にて「小学校の教育課程に関する事項は、第 29 条及び第 30 条の規定に従い、文部科学大臣が定める。」と定め、『学校教育法施行規則』第 52 条にて「小学校の教育課程については、この節に定めるもののほか、教育課程の基準として文部科学大臣が別に公示する小学校学習指導要領によるものとする。」と規定されている。

注3) 今野喜清・新井郁男・児島邦宏 (2014)『第 3 版学校教育辞典』(教育出版) によれば、カリキュラムは「(略) 教育目標を達成するために学校に用意される『学習経験の総体』を意味することになった。現在ではより広義のカリキュラム観をとり、教育目標、教育内容・教材、教授・学習活動および評価方法を含意するだけでなく、顕在的 (manifest) カリキュラムと潜在的 (hidden) カリキュラムの両方を包含する概念」とされ、カリキュラムは、「教育課程」より広い内容を含んでいる。

や幼保連携型認定こども園における「全体的な計画」も、その園や子ども、地域の実態等を踏まえ全教職員の協力の下で園長が責任をもって編成（作成）する必要があります。その編成（作成）の仕方は以下の通りです。

---

①編成（作成）に必要な基礎的事項についての理解

- それぞれに関係法令、幼稚園であれば『幼稚園教育要領』とその解説、保育所であれば『保育所保育指針』とその解説、幼保連携型認定こども園であれば『幼保連携型認定こども園教育・保育要領』とその解説の内容を教職員が共通理解する。
- 子どもの心身の発達の実情、園および地域の実態を把握する。
- 社会の要請や保護者の願いを把握する。

②自園の教育・保育目標に関しての共通理解

③発達の過程を見通した具体的なねらいと内容の組織

- 入園から修了まで発達の節目を長期的に見通す。
- 各発達の時期に沿って、適切なねらいと内容を設定する。

④実施した結果の評価と、次の編成（作成）に活かした改善

※『幼稚園教育要領』と『幼保連携型認定こども園教育・保育要領』では、教育週数（年間 39 週）や教育時間（1 日 4 時間を標準）を確保することが必要。
※各園の教育・保育目標を明確にし、基本的な方針が家庭や地域とも共有されることが大切。

長期と短期の指導計画の作成

「教育課程」「全体的な計画」の実施にあ

たっては、指導計画を作成して環境を整え、子ども一人ひとりが実り多い園生活を展開して、園目標に向かうことができるようにします。実際には、各年齢の生活や発達、園環境、地域の実態、園行事、園の指導体制などを考慮して、長期（年間、期、月）の指導計画を作成し、さらにクラスの子どもの生活や発達に沿って、短期（週、日）の指導計画を作成します（28 ページ図）。

「年間指導計画」の作成では、各年齢で育てたいこと、つまり「ねらい」を明確にします。さらに、年齢ごとにいくつかの発達の時期に分け、ねらいと内容を設定します。

長期の指導計画作成では、季節や園行事、園や園を取り巻く自然環境等を取り入れて、発達の過程に沿って、子どもたちが様々な環境と出合い、園生活が展開できるようにします。

さらに、長期の指導計画に沿って、週案や日案などの短期の指導計画を作成します。短期の指導計画は、担任がクラスの子どもたちの実態に沿って作成します。短期の指導計画に沿って保育を展開すると、様々な反省や評価が生まれてきます。担任は子どもの発達の姿に対する理解を深め、その指導の過程を改め、柔軟な姿勢で臨みます。

通常、週案・日案は、クラス担任が作成しますが、「年間指導計画」などの長期の指導計画は全教職員で作成します。

「教育課程」や「全体的な計画」を拠り所にして、長期・短期の指導計画を作成します。

第 2 章

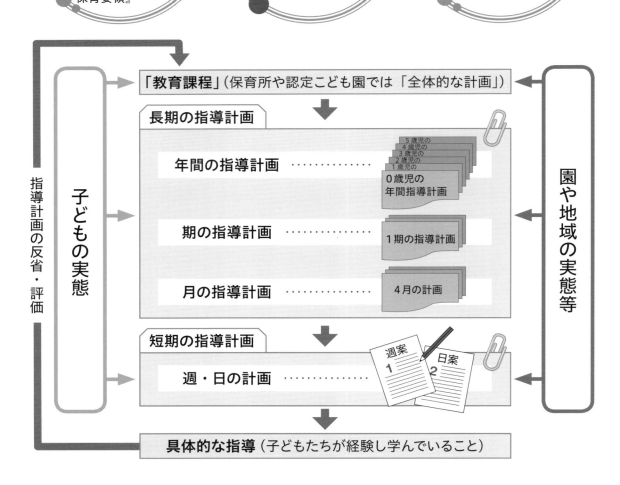

3 鍵を握る「年間指導計画」の評価と改善

「教育課程」や「全体的な計画」の評価は、どのようにするのでしょうか。評価の進め方や手続きは、様々にあると思います。各々の園で、より質の高い実践を求めて、評価の進め方や手続きを創意工夫することが必要です。その際、鍵を握るのは「年間指導計画」の評価と改善ではないでしょうか。

カリキュラムの評価

「教育課程」や「全体的な計画」を実施する際には、各園の実態に沿って「年間指導計画」を作成します。環境（季節や園行事、園や園を取り巻く自然環境等）、指導体制、地域の人々との連携など様々な要因を踏まえ、子どもたちの発達の過程に沿って創意工夫して、子どもたちが様々な環境と出合える園生活をつくるために作成するのです。

年度終了時には、1年間の園生活を振り返り、環境とかかわる子どもたちの姿を捉えて考察し、「年間指導計画」そのものを評価・改善していきます。その積み重ねが、「教育課程」や「全体的な計画」の評価・改善につながっていきます。

したがって、「教育課程」や「全体的な計画」の評価は、「年間指導計画」の評価・改善の積み重ねの結果であり、どのように「年間指導計画」を評価・改善するかが、カリキュラム全体の評価にもつながっていきます。

ねらいの実現状況を把握する

「年間指導計画」の評価・改善を進める際にどんなことに留意したらよいでしょうか。

第1は、「教育課程」や「全体的な計画」のねらいの実現状況を把握することです。幼児教育・保育の質を保障していくためには、常に、教育・保育目標に沿って編成された「教育課程」や「全体的な計画」が、子どもたちの実態や、園や地域の実態に沿ってうまく実施されているかどうか等、ねらいの実現状況を把握することが必要です。特に、1年間の実践を振り返りながら「年間指導計画」を評価・改善する際には、「教育課程」や「全体的な計画」に示したねらいの実現状況を把握し、それに沿って改善策を考えていく必要があります。

ただし、ここで求められている「ねらいの実現状況」は、「○パーセント実現している」等と数値化するものではありませんし、「おおむね達成している」等と漠然とした評価でもありません。幼児教育は環境を通した教育なので、どのような環境の下でどのような子どもの育ちの姿が見られたのか、保育者とのかかわりではどうか等、環境とかかわる具体的な子どもの姿の報告が必要です。

育ちの背景にある環境の要因を探る

第2は、「年間指導計画」の振り返りの際

に報告される子どもたちの育ちの姿について、環境とのかかわりから考察し、育ちの背景にある環境の要因、特に保育者とのかかわりを洗い出し、指導案や指導における課題を整理することが大切です。

F園では、3年間かけて、幼児期における協同性の芽生えに焦点を当てて「教育課程」を改善してきました。5歳児の10月から12月（3期）のねらいの1つに「友だちと相談しながら遊びを進めていく」ということを設定しています。例えば、グループの友だちに断らず、勝手に遊びを進めない、あるいは子どもたちの相談が成立するためには、子どもたちにどのような経験が必要かを考えて、5歳児4月から6月（1期）、7月から9月（2期）にかけて、以下のことを「経験する内容」（指導する内容）としていました。

①友だちと共通の目的を見出して、遊ぶことを楽しむ。

②一緒に遊んでいても、自分の思いと友だちの思いが必ずしも同じでないことを知る。

③自分がやりたいことや思っていること、困っていることなどを言葉で伝えるようにする。

また、5歳児の「年間指導計画」では、特に1期、2期には、①～③の「経験する内容」を保障していくための「保育者の援助」をていねいに書き、はじめて5歳児担任になる保育者にわかるようにしました。例えば、これまでの「年間指導計画」では、友だち

との遊びの中でのトラブルでは「できるだけ子どもたち同士で解決できるように、その場にいて援助する」というシンプルな記述でしたが、「トラブルが起こって悔しいと思う時でさえも、自分の思いを言葉にすることが大切であることを、いろいろな機会を通して知らせていく」「子どもが、相手と自分の思いの違いに気づき、折り合いをつけるまでの援助が必要である」を書き加えました。

さらに、3期に入り運動会が終わった後、子どもたちの遊びを発展させて、「遊園地ごっこ」などで小さい組の子どもたちを招待したりして、共通の目的をもち、グループの友だちと協同して遊ぶ場面を積極的につくることも書き加えました。

その結果、初めて5歳児を担任した保育者は、「年間指導計画」の「保育者の援助」を常に読み直しながら、週案や保育記録を書いていたそうです。つかず離れずの状態で見守る子ども同士のトラブルの仲裁は難しいが、1日の保育が終わって記録を書きながら、改めて子どもたちの思いに気づき、「保育者としての自分」がどうしたらよいかが考えられるようになったことを報告していました。

また、3度目の5歳児担任だった中堅の保育者からは、2月の生活発表会でのグループ活動の相談場面で、子どもたちの会話がおもしろいという報告もありました。例えば、グループの友だちで決めなくてはいけない時に、「お願いだから、こっちにして」

と頼みながら意見の違いを調整しようとする会話や、「そんなこと言ったら、かわいそうだよ」と友だちの気持ちに気づく会話があったそうです。まだうまく相談を進められているわけではないが、グループの友だちの意見や思いについて考えている会話が増えていったと報告していました。

その結果、5歳児の「年間指導計画」の協同性にかかわる新たに記述した内容は、これでよいという評価になりました。

各園の実情に即した評価・改善の方法を定着させる

「教育課程」や「全体的な計画」は、一定の年限をもって評価・改善していきますが、「年間指導計画」は、年度終了時に必ず、1年間の園の教育・保育活動全体を振り返り、園経営の方針と絡めて次年度の「年間指導計画」を作成していく必要があります。

学校評価や、定期的に自己評価・自己点検を実施している園では、1年間の指導や園運営を振り返るサイクルはすでにできていると思います。しかし、それが主として園長や主任だけで実施されているとしたら、次年度の指導の改善につながっていきません。何らかの形でそのサイクルに実践者の声を反映するように考える必要があります（下図）。

32ページの写真は、G園の「年間指導計画」の評価をしているものです。A3サ

第2章

イズ用紙の中央に年齢ごとの「年間指導計画」が印刷されています。その周りに、担任などの実践者の報告として、「年間指導計画」の記述で気になった部分や、まさに「ここが、大切」と思った部分、記述に関連する子どもの姿を付箋に書いて一覧できるようにしています。3学期に、職員室に2週間、この紙を貼り出しておいて、実践者がそれぞれの立場で書き込み、園内研修ではこれを中心にして、「年間指導計画」の評価と次年度に向けての話し合いをしていました。

最終的には主任がまとめていましたが、限られた時間で開催する園内研修を通して、「年間指導計画」の評価・改善に保育者全員が参加できる仕組みができていました。

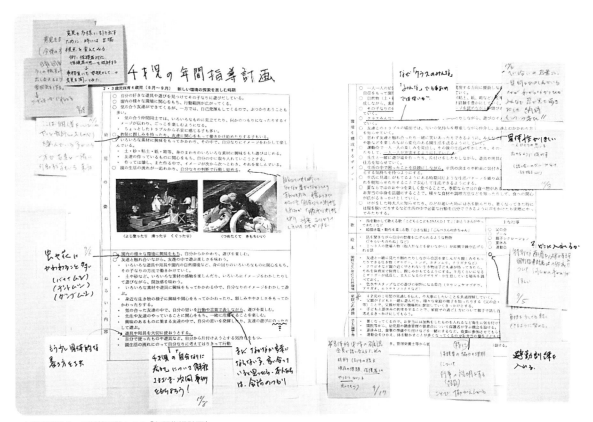

▲実践者によって付箋が貼られた「年間指導計画」

園行事を通して
カリキュラム・マネジメントを進める

学校法人静岡豊田学園　静岡豊田幼稚園（静岡県静岡市）　園長／宮下 友美惠

園の概要

●園の規模
3歳児56名、4歳児47名、5歳児53名
教職員19名

●園の実態
　本園では建学の精神をもとに、一人ひとりの子どもが周りの人とかかわりながら、その子らしく輝き、生きる喜びを感じることができるようにと願い、日々の保育を行っています。教育目標の実現のため、全教職員で「教育課程」の改善を行い「3つの愛（人への愛・遊びへの愛・環境への愛）」という視点を設けて教育実践を行っていますが、本園の教育内容や「教育課程」について、保護者や地域にどう伝えていくかということが課題としてあげられました。園の教育を理解してもらい、保護者や地域の方と共に子どもたちを育てていきたいという思いから、園の行事を通して「3つの愛」の視点を伝えていく取り組みをしました。

●カリキュラムの特色
　「3つの愛」の視点をもとに「教育課程」を編成しています。その「教育課程」を保護者や地域の方に伝える機会として、行事の1つである造形展を活用することにしました。1年間の教育活動の集大成でもある造形展は、その取り組みの過程においても、子どもたちの姿の中に「3つの愛」の育ちが具体的に表れると考えたからです。

カリキュラム・マネジメントの実際

●「教育課程」を保護者と共有、協働へ
　子どもたちと話し合い、2018年度の造形展のテーマは「だいすきミュージアム」としました。「大好きな人・こと・もの」がいっぱい集まったミュージアム作りは、本園が大切にしている「3つの愛」を育てることに通じるものです。「大好きな人・こと・もの」があることによって、子どもたちの生活は豊かになり、それらについてもっと知りたい、もっとかかわりたいという思いや、それらの魅力をみんなに伝えたいという思いが膨らんでいくと考えました。そして、その思いが実現することによって、子どもたちは共に生きる喜びを感じ、自信をもって生活するようになると考えました。そのような願いをもって取り組んだ造形展の活動の様子（約1か月間）を「造形展NEWS」というおたよりや個人の連絡帳等を使って保護者に伝えました。
　「造形展NEWS」では、活動の意図や子どもたちの姿をわかりやすく伝えるため、写真を多く掲載し、学年ごとに数回発行しました。個人の連絡帳では、具体的なエピソードを通して一人ひとりの姿や育ちについて伝えました。造形展の数日前に配布する「造形展のパンフレット」には、これまでの取り組みの中で大切にしてきたことや子どもたちの成長や学び、作品の中に込め

られた子どもたちの思い等について記述しました。

●地域の教育資源を活用する

また、「大好きな恐竜についてもっと深く知りたい」という子どもたちの思いを実現するために、地域の方にも協力を仰ぎました。恐竜や化石について長く研究をされている博士に講話していただき、子どもたちの質問にも答えていただきました。大好きなことについて自らの課題をもち、探究し続けている人に出会うことで、子どもたちの心が揺り動かされ、博士から学んだことを自分たちの表現に活かす様子についても「造形展NEWS」を通して保護者に伝えました。

年長児は「私の大好きなもの」を製作し、どういうところが好きなのか、なぜ好きなのかということを自分の言葉で表現しました。一人ひとりの子どもの思いを紹介することで、子どもたちの心に、周りのものへの愛情が育っていることが伝わりました。

だいすきな　ねこちゃん
あくびをしているすがたが、とてもかわいいんだ。ねこちゃんとおいかけっこしたり、おひるねしたり、あそんだりしたいな。

成果と課題

●保護者と共に

活動のプロセスや子どもたちが経験していることを、様々な手段で伝えることにより、造形展の話題が家庭でも増え、子どもたちの活動への意欲がさらに高まりました。また保護者が子どもたちの作品を見た時に、「これがあの時子どもが話していた○○ね」「連絡帳に書かれていたことはこのことね！一生懸命考えて工夫している子どもの姿が目に浮かぶ」と、作品の中に込められた子どもたちの思いや成長を感じ取ってもらうことができました。また、造形展という1つの行事を通して、本園の教育で大切にしていることや育てたいと思っている姿を保護者に具体的に理解していただくこともできました。さらには、地域の方にも園でめざしていることを伝え協力していただくことで、より充実した教育実践が可能になると実感しました。今後はこのような機会をさらに増やし教育の質向上に努めたいと思います。

第2側面 カリキュラムの実施と評価

カリキュラム・マネジメントの始まりは、カリキュラムを、計画（Plan）→実行（Do）→評価（Check）→改善（Action）という一連の流れに沿って教職員間で共有していくことです。

おそらく多くの園では「これまでも教職員間で自己評価・自己点検を実施してきているので大丈夫」、あるいは「学校評価を実施しているので大丈夫」と思っているでしょう。それは、間違いではありません。むしろ、「はじめて実施する」という園のほうが気になります。

カリキュラム・マネジメントは、新たに取り組むことではありません。これまでも実施していることを、さらに幼児教育・保育の質向上に向けて、特に「教育課程」「全体的な計画」に軸をおいて考えた時に、それぞれの園で取り組むことが必要なことは何かを明らかにして、持続的・継続的にその改善に努めていくことをめざしています。

各園においては、学校教育において育成すべき資質・能力を踏まえたカリキュラムの編成と、その幼児教育・保育の質向上に向けたPDCAサイクルの確立を踏まえて、それぞれの園に必要な「我が園のカリキュラム・マネジメント」を確立させてほしいと考えます。

本書には、4つの園の「我が園のカリキュラム・マネジメント」（17、33、48、60ページ参照）を紹介しています。また、「第2側面　カリキュラムの実施と評価」では、「見えない教育」と言われる幼児教育や保育の特質を踏まえ、以下に焦点を当てて考えます。

・PDCAサイクルをどう確立させていくか。
・日々の保育実践での「気づき」をどう集め、活かすか。
・「幼児期の終わりまでに育ってほしい姿」や小学校の学びを踏まえてどう進めるか。
・保護者の声をどう取り入れていくか。

1 PDCAサイクルの展開

　カリキュラム・マネジメントで大切なことは、計画（Plan）→実行（Do）→評価（Check）→改善（Action）の4段階をくり返しながら継続的に改善を重ね、好循環を生み出していくことです。そのためにどうしたらよいでしょうか。

前年度のカリキュラム評価・改善から始まる

　カリキュラムは、全く何もないところから作るわけではありません。前年度のカリキュラムの評価（C）・改善（A）から、その継承と改善（A）を踏まえて本年度の計画（P）を作成します。つまり、前年度のカリキュラムの実施状況の結果を検証し、効果あるものについては継承・発展しつつ、必要なところを修正・改善したものが本年度の計画となっていくのです。

　実際には、「教育課程」「全体的な計画」そのものをいきなり改善するというよりは、先に述べたように、毎年、年度末に「年間指導計画」（具体的なねらいと内容、環境の構成、保育者の援助、園行事などを含む）に焦点を当てて、その評価・改善を重ねる中で、必要に応じて「教育課程」「全体的な計画」を改善するという流れになります。

　「年間指導計画」の作成は、前年度の検証・評価（C）から改善（A）を見出して計画（P）するので、実際にはＰＤＣＡサイクルではなく、ＣＡからＰＤへのサイクルをどう創り出していくかが課題です。

　ＰＤＣＡサイクルで大事なことは、継続し

PDCA ではなく CAPD でサイクルさせる

て取り組む中で、改善（A）を次の計画（P）に取り込み、カリキュラム・マネジメントのサイクルを拡大していくことです。

　おそらく、次年度の教育・保育計画を作成する際には、教職員でカリキュラムについて何らかの話し合いをすると思います。限りある時間の中では本質的な議論は難しいかもしれません。また、本質的な議論ができたとしても、それが次年度のカリキュラム改善につながるまでには至らず、毎年同じような話し合いで終わってしまうということもあると思います。

　カリキュラム・マネジメントのサイクルを拡大させていくためには組織的に取り組む必要があります。例えば、担任の教職員一人ひとり、研究主任や教務主任、園長や副園長等の管理職が、それぞれの役職や役割分担に応じて、具体的に何を行うかをあらかじめ明確にしておくことが必要です。

　ただし、小規模な園もあるので、必ずしも、明確な仕事の分担ができるわけではありません。担任をもつ主任もいますし、教務主任と研究主任が分かれていないこともあります。主任が園長の補佐をする園もあります。それぞれの園の実情に沿って、無理のない役割分担や進め方を見つけてください。大事なことは、その園の進め方や役割分担はある程度一定させて、各自がそれぞれの立場で動けるようにしておくことです。

カリキュラムの評価（C）をどうするか

　PDCAサイクルで課題になるのは、カリキュラムの評価（C）ではないでしょうか。特に「見えない教育」と言われる幼児教育や保育では、どのような資料をもとに、それぞれの実施状況を把握し、成果と課題を整理していくのかが課題です。

　基本は、学校評価（園の自己評価・自己点検も含む）を実施している園では、すでに自己評価シートを活用して園運営全体の教職員の意見は聴取していると思います。カリキュラム評価はその一部にあたるので、学校評価における教職員の園運営についての自己評価シートを活用することも視野に

PDCAサイクルの拡大イメージ

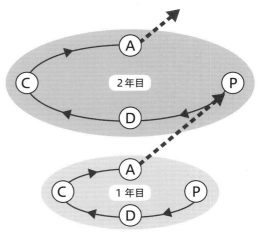

前年度のPDCAサイクルの改善（A）を受けて次年度のサイクルが拡大する

入れてください注4。園運営全体の実施状況を把握することができます。

ただし、カリキュラム改善（A）を具体的に進めていく際には、改善の根拠を示す資料として教職員の実践を通した保育記録が必要です。また、園内研修や研究保育を通して明らかにされた成果や課題はもちろんですが、園行事などでの保護者アンケートのまとめ、学校関係者評価の記録なども含めて、総合的に見ていくことも必要です。

39ページでは、カリキュラム評価をしていく過程と活用する資料の例を示しています。担任をもつ教職員、主任（研究主任や教務主任）、園長に分けて、それぞれに必要な資料を持ち寄ってカリキュラム検討に臨むようにします。資料は、1年間のすべてを用意するというよりは、何を重点事項として話し合うかによって、あらかじめ整理しておきます。そのために、カリキュラム検討を進める教務主任は、検討会で協議する事項を事前に提示しておく必要があります。

H園のカリキュラム・マネジメントでは、1年間を通して、「各教職員の実践を通しての記録と、その話し合いの記録」をもとに「年間指導計画」を評価・改善するようにしてきました。

ただし、その記録があまりにも膨大なので、学期ごとに実施の成果と課題をまとめました。その際、年齢ごとに話し合ってから、改善したい事項をカリキュラム検討の会議で検討するようにしました。

また、教職員が日々の実践の記録を書く際に、「年間指導計画」に照らして腑に落ちない部分や「まさにそう」と思う場面は付箋に書きとめ、実践記録を残しました。学期ごとの話し合いでは、それらの付箋を年齢ごと、発達の時期ごとに整理して、「年間指導計画」の評価の話し合いをスムーズにしていく工夫もなされていました。

また、H園では、園行事については、その都度、保護者アンケートをとり、改善（A）すべき部分を整理しています。その際、必ず自由記述を入れていました。園長は、幼児教育や保育は「見えない教育」だからこそ、教職員や保護者の生の声を集める工夫が必要であると話されていました。

実践の中での「気づき」を集める

膨大な実践記録のどこを焦点化したらよいか、その参考になる事例があります。

ある小学校の授業実践では、PDCAサイクルで改善を行い、実施の結果を次年度に引き継ぐために共同の「カリキュラム棚」を用意しました。棚には、学年単元ごとに、計画（P）、実践記録（D）、評価・改善（C）（A）を分類して置き、次年度の実践者が活用できるようになっています。

幼児教育は活動が多様なので、活動ごとの棚は作れませんが、これまでの実践記録を活かしていくことはできるでしょう。少

注4）文部科学省『幼稚園における学校評価ガイドライン』（2008年3月24日）参照。本資料の別添2に、「評価項目・指標等を検討する際の視点となる例」が提示され、「各幼稚園や設置者において、評価項目・指標等の設定について検討する際の視点となる例として考えられるものを、便宜的に分類した学校運営における12分野」（以下に示す①〜⑫）が示されている。
①教育課程・指導、②保健管理、③安全管理、④特別支援教育、⑤組織運営、⑥研修（資質向上の取組）、⑦教育目標・学校評価、⑧情報提供、⑨保護者・地域住民との連携、⑩子育て支援、⑪預かり保育、⑫教育環境整備
なお、①〜⑫について、さらに小項目があげられており、どのような視点をもって評価をしていくかが理解できるので参照していただきたい。

なくとも園行事など毎年行うものについては、それぞれの年齢ごとに計画（P）と実践記録（D）、評価・改善（C）（A）をまとめて共通の棚に置くなどして、前年度の実践段階の気づきを次の計画に活かしていくことができます。

PDCAサイクルを好循環させていくためには、日々の実践をどうまとめるか、実践の成果と課題をいかに教職員全体で共有していくかが鍵となるでしょう。

カリキュラム評価をしていく過程と活用する資料の例

担任をもつ教職員がカリキュラム検討のテーマに応じて選択し、準備する
① 週案・日案とその保育記録
② 子どもたちの作品や写真等
③（研究主任）研究保育での指導案、反省・評価
④（研究主任）園内研修の成果と課題、等

園長や主任等が準備する
⑤（教務主任）教職員による「年間指導計画」に対する反省、課題
⑥ 教職員の学校評価（自己評価・自己点検）の結果

園内研修などでカリキュラムの検討、次年度に向けての課題整理
園務分掌では、教務担当者が意見等をまとめ、園行事を含めた次年度の「年間指導計画」作成。その他、カリキュラムの改善に向けての課題について話し合い、次年度に向けての重点事項を整理

園長等を中心にして、次年度のカリキュラム作成へ
○ 基本方針、グランドデザインの確認
○ 重点事項に沿って「教育課程」や「全体的な計画」の改善
○「年間指導計画」の改善
○ 幼児教育・保育の質向上にかかわることの課題整理

第2章

2 日々の保育実践とカリキュラム・マネジメント

日々の保育実践とカリキュラム・マネジメントとの間

カリキュラム・マネジメントは、質の高い保育実践をめざしてカリキュラムを改善していくことなので、園運営全体を見渡す、あるいは入園から卒園までの期間を見通す等、広い視野と子どもの成長を温かく見守る「発達を見通す長い目」が求められます。

ここで、園長の役割は大変重要です。子育てや園を取り巻く環境が急速に変化する中にあって、その流れにのまれるのではなく、進むべき将来の方向を定めながら乳幼児期にふさわしい園生活を通して発達に必要な体験を保障していかねばなりません。そのためには、園長がリーダーシップをもってカリキュラム・マネジメントを進めていくことが求められます。

しかもそれは、机上の取り組みではなく、日々の保育実践の質向上につなげていかねばなりません。園長には実践の中で起こっていることや課題と真摯に向き合う姿勢や、実践者と共に歩みながら改善すべき方向を見出していく姿勢も必要です。つまり、「乳幼児の教育はこうありたい」という理想と、「しかし、実際に改善していくためには、若い教職員が多いので、どうしようか」等という現実との間を行ったり来たりしながら進めていくことになると思います。むしろ、理想と現実を行ったり来たりしながら進めるからこそ、安定したカリキュラム・

マネジメントとなるのかもしれません。

一方、担任の立場からすると、目の前で起こっていることにきめ細かく対応することが求められるので、日々の保育実践で努力していることと、カリキュラム・マネジメントの視点が必ずしも一致しているという確信はもてないかもしれません。特に経験の浅い教職員は、目の前の子どもたちとの園生活を必死に考えていると思います。それが初任者の乗り越えるべき課題であると考えます。

したがって、担任する教職員はカリキュラム検討に必要な資料を提供する立場にありますが、どのような資料をどうまとめて提供したらよいかがイメージできないかもしれません。

園長の視点と、担任する教職員の視点との間には開きがあることは確かであり、日々の実践の記録を積み重ねながら、カリキュラム・マネジメントを進めていくことは、至難の業であると覚悟することが必要です。

「保育の日常」の中に、課題がある

ここで、日々の実践での問題意識からカリキュラム・マネジメントを始めることを通して、幼児教育・保育の質の改善につながっていったI園の取り組みを紹介します。

スタートは、「思いやりのある子ども」をめぐる話し合いからでした。ここ数年、教職員の育休や退職等が続き、急に若い教職

員が増えていました。教務主任は、前年度の反省をもとに、教育目標や「教育課程」に沿って「年間指導計画」を作成していますが、若い教職員たちには、なかなか具体的な子どもの姿と「年間指導計画」に示す子どもの姿が結びつかないようでした。

教務主任は、「週案の作成がうまくできない」「子ども理解をしているつもりだが、クラス経営がうまくできない」という、若い教職員の保育の悩みにどうにか応えていかねばと思っていました。そこで、園長と相談し、「心身共に健康で、思いやりのある子ども」という園目標に沿ってカリキュラムの改善に取り組むことにしました。

「思いやり」をテーマにカリキュラム改善をすることになった背景には、教職員の指導力不足の問題があるだけではありません。子どもたちの実態、園の方針についての保護者の理解不足等、いくつかの要因がありました。

保護者会で「のびのびと遊んでいるだけでなく、思いやりをもって人に接することも教えてほしい」という要望が保護者から出て、経験2年目の若い教職員がうまく答えられなかったという報告がありました。

おそらく保護者は、思い思いに遊ぶ子どもの姿を「自己発揮」している姿ではなく、「自分勝手」に行動しているとして受けとめていたのだと思います。それは、「この時期の子どもの自己発揮の姿を、保護者に十分に説明できなかった」ということになりま

す。しかし園長は、若い教職員の報告を聴きながら、保護者の要望の背景には、言葉にした以外に何らかの不満があり、保育が行き届いていないことへの指摘があるのかもしれないと思ったのです。

園長は、自身の責任として、保護者に園の基本方針をわかりやすく伝える機会をもつ必要性を感じました。ただ、教職員の資質向上も喫緊の課題であり、それが保護者からの信頼を得ることにつながるとも考えました。その結果、早急に若い教職員たちを参画させてカリキュラムを見直し、園目標に沿って実践するために必要な資質を身につけさせなければと思いました。

カリキュラム改善の課題は、「保育の日常」の中にあったのです。

日々の実践記録から始める

日々の実践に追われている若い教職員は、まだ、カリキュラム全体を見て議論することはできないので、どのようにしてカリキュラムの評価・改善に参画していくかが問題となるでしょう。

ここでは、幼児期の子どもたちに、どのように思いやりの気持ちが芽生えていくかを理解することが必要です。そのためには、教職員一人ひとりが、担任する子どもの姿とカリキュラムの行間に込められている保育の意図を結びつけていかねばなりません。

研究主任が中心となり、2年間の研修計

画を立てました。その際、留意したのは、経験の浅い教職員と中堅の教職員とが、それぞれの課題をもって主体的に研修に参加できるようにすることでした。

1年目は、日々の保育の中で気づいた「思いやりにつながる経験」を実践記録に書いていくという作業でした。

研究主任は同僚の中堅の教職員に、保育終了後の若い教職員との話し合いで、できるだけ記録の交換をしてほしいと伝えておきました。そうすることで、若い教職員が「思いやりにつながる経験」の見方を習得できると考えたのです。それは同時に、中堅の教職員が、自分の保育を語る力を身につける機会になることも期待しました。

日々の実践とカリキュラムを
つなぐ園内研修

園内研修では、はじめは子どもなりに相手を気遣う言葉だけが報告されました。

例えば、3歳児が「『仲間に入れて』と言ったら、『いいよ』と言った。友だちの思いに気づいているので、思いやりが芽生えている」という記録です。果たしてそうでしょうか。園内研修の中では、子どもたちの遊びの仲間入りの行動を見ていると、「入れて」と言われると「いいよ」と機械的に応えることもあるし、「こうしたい」という思いがないと、素直に「いいよ」と言ってしまうこともある等の意見が出されて、「こうしたい」という思いと「思いやりをもつ」という行動

を関連させて見ていく必要があるという意見も出されました。しかし意見のままにとどまり、引き続き子どもの姿を集めてくることになりました。

その後、4歳児、5歳児の実践記録の報告を話し合う中で、次第に「思いやり」の見方や考え方は広がってきました。例えば、いざこざの場面で互いに非難し、譲り合わない姿があっても、教職員のかかわり方次第で自分とは異なる友だちの思いに気づく機会となる。それは、「相手の立場を理解しようとする」という意味では、大切な「思いやりにつながる経験」ではないかということを確認することもできました。

1年目の事例をもとにした話し合いは、子どもの行動の理解について「結論が出る」あるいは「納得する」ための話し合いではなく、「そういう理解もあるのか」と「見方が広がる」、あるいは「多様な見方ができる」ようになるための話し合いでした。それは、経験の浅い教職員だけではなく、中堅の教職員も同じ感想をもったようです。

園長は、こうした事例報告から自由に話し合う園内研修に参加して、「保育の日常」の中にある課題と、それを教職員で共有することの意義を改めて理解したそうです。

2年目の園内研修では、発達の期ごとに、それぞれの年齢で「思いやりにつながる経験」を出していきました。

園内研修は月1回なので、その話し合いの経過がわかるように毎回模造紙が用意され

ました。そこにそれぞれのクラスの事例を付箋で貼り、周りに事例の読み取りを書き入れながら発達の期ごとにまとめていきました。

　日々の実践記録を通してテーマを意識する、同僚との話し合いから「思いやりにつながる経験」を捉える目を磨く、園内研修を通して3年間の育ちを見通す等、ここには、日々の実践を積み上げてカリキュラム・マネジメントを進める大事な視点と工夫がありました。

教育活動の成果を保護者に発信する

　2年間の取り組みを振り返って、教職員たちの子どもを見る目が深まり、多様な見方を受け入れながら子ども理解を深めていることを、園長は改めて理解しました。

　「思いやりの心」は、学校教育において育成すべき資質・能力の1つです。それは、幼児期の子どもが、同年代の子どもたちと共にする生活を通して芽生えていく過程を大切にしていくことです。同時に、幼児期の子どもたちが、他者とかかわりながら自己発揮していく中で思いやりの心が芽生えていく過程は、「学びに向かう力・人間性等」を育む上で基盤となる体験であることを保護者に伝えていくことも必要だと考えました。

　園長は「なぜ、子どもたちのいざこざに注目するのか」、また「いかにして、子どもたちが他者の気持ちに気づいていくか」等、「見えない教育」としての幼児教育・保育をわかりやすく伝えていかねばならないと改めて思いました。

教職員の思いと保護者の受けとめのズレを解消する

園の目標
心身共に健康で、思いやりのある子ども

友だちの中で、自分らしく振る舞えるようになってきた
教職員

双方の認識にズレ
子どもが育つ過程の確認・説明が必要

自分勝手なことばかりで大丈夫かしら
保護者

第2章

3 「幼児期の終わりまでに育ってほしい姿」との関連

　幼児教育におけるカリキュラム・マネジメントの課題は、「見えない教育」の成果をどう把握し、信頼性や妥当性をもって示していくかです。そのために「幼児期の終わりまでに育ってほしい姿」をうまく活用していきたいものです。

教科書のない幼児教育のカリキュラム・マネジメント

　中教審答申（2016年）において、総合的な視点から「教育課程」の実現状況を把握して、カリキュラム・マネジメントを確立させていくことの必要性が議論されていた時のことです。当初、教科のない幼児教育では、これまでもカリキュラム全体を総合的に見て評価・改善をしてきたので、小学校以上の議論とは異なると思っていました。しかし、議論に参加して、「教科がないからこそ」「教育課程」の実現状況の把握は難しく、客観化した資料作りに課題があると改めて気づかされました。

　そのため、中教審答申（2016年）では、「幼稚園等では、教科書のような主たる教材を用いず環境を通して行う教育を基本としていること、家庭との関係において緊密度が他校種と比べて高いこと、預かり保育や子育ての支援などの教育課程以外の活動が、多くの幼稚園等で実施されていることなどから、カリキュラム・マネジメントは極めて重要である」と、幼児教育の実情を踏まえた上で、カリキュラム・マネジメント

の必要性と課題を指摘しています。

「幼児期の終わりまでに育ってほしい姿」に沿ってカリキュラム作成

　さらに中教審答申（2016年）では、「各領域のねらいを相互に関連させ、『幼児期の終わりまでに育ってほしい姿』や小学校の学びを念頭に置きながら、幼児の調和の取れた発達を目指し、幼稚園等の教育目標等を踏まえた総合的な視点で、その目標の達成のために必要な具体的なねらいや内容を組織すること」と、「幼児期の終わりまでに育ってほしい姿」を踏まえたカリキュラム作成の必要性を述べています。

　教科教育は、目標・内容・方法・評価が「見える」のに対して、環境を通して行う教育は、子どもが環境にかかわって生み出す活動に沿って指導が行われるので、目標にしても、内容や方法、評価にしても、第三者からはよくわからないことから、いわゆる「見えない教育」と言われます。

　つまり、何をめざして、どのような教育をしているか、またどのようにして評価をしているかを伝えにくいものなのですが、なんらかの形で発信することは必要です。特に「社会に開かれた教育課程」を実現するためには、「見えない教育」であってもその成果を示し、保護者や地域の方々、小学校教員に理解してもらう必要があります。むしろ、「見えない教育」だからこそ、必要なのではないでしょうか。

そのためにはまず、目標の設定の段階で、「幼児期の終わりまでに育ってほしい姿」を踏まえて「教育課程」編成や「全体的な計画」作成をする必要があります。

また「見えない教育」の成果を伝えていく際にも、目標に示した「幼児期の終わりまでに育ってほしい姿」に沿って、子どもたちの内面で育ちつつあることを説明することで、「可視化」していくことができるでしょう。もちろん、そこでは、「幼児期の終わりまでに育ってほしい姿」を到達度的に扱うのではなく、育っていく姿を捉える指標として扱うことが必要です。

記録を重ねて、「我が園の子どもの育ち」を把握

幼児教育では、環境にかかわって生み出される活動から保育が展開します。その中で子どもたちは発達に必要な体験を積み重ねていくので、ねらいに向かって育っていく子どもの姿は多様です。また、ねらいの実現状況を把握する際には、どのような環境の下でどのような子どもの姿があり、その姿がどのように変容してきたかという流れで、育ちの姿の把握することが必要です。しかし、子どもたちの様子を身近で見てきた当

学校教育において育成すべき資質・能力の 3 つの柱

「幼児期の終わりまでに育ってほしい姿」「自然との関わり・生命尊重」

自然に触れて感動する体験を通して、自然の変化などを感じ取り、好奇心や探究心をもって考え言葉などで表現しながら、身近な事象への関心が高まるとともに、自然への愛情や畏敬の念をもつようになる。また、身近な動植物に心を動かされる中で、生命の不思議さや尊さに気付き、身近な動植物への接し方を考え、命あるものとしていたわり、大切にする気持ちをもって関わるようになる。

5歳児の体験 〈種から植物を育てる・1人1鉢〉

・水やりを欠かさない　・発見したことを先生や友だちに知らせる　・責任をもって育てる　・成長を喜ぶ
　生命の不思議さや尊さ　　心動かされる　　いたわる・大切にする気持ち　　植物への接し方を考える

4歳児の体験 〈先生や友だちと一緒に夏野菜を育てる〉

・成長した夏野菜を収穫して食する　・興味や関心をもってかかわる
　好奇心や探究心をもって考える　　変化を感じる　　気づいたことを言葉にする

第2章

事者間では共有していても、当事者以外には理解しにくいということもあるでしょう。

例えば、J園で4歳児の6月の月案に「栽培する夏野菜の成長に関心をもつ」というねらいを立てて、保育者や友だちと一緒に夏野菜を育てていました。毎日のように栽培する野菜に水やりに来る子どももいますし、栽培していることは知ってはいてもあまり関心がない子どももいます。収穫時にみんなで食して初めて関心をもち始めた子どももいます。興味や関心のもち方や夏野菜との接し方、それにともなった保育者の働きかけは多様なので、ねらいの実現状況を説明するには工夫が必要です。

この園では、5歳児が個人用の鉢を用意して植物の栽培をしています。保護者に子どもたちの植物の成長に対する関心を説明する際には、4歳児と5歳児で興味や関心のもち方を比較しながら、その育ちを説明するようにしています。このように、育っていく方向を示すことで、保護者は子どもがどのような発達にあるのかを確認できるのです。

長期的な視点をもって子どもの育ちを捉えるためには、子どもの姿を記録することは不可欠です。その記録の集積から、「我が園の子どもの育つ姿」を示していくことが重要なのです。

「幼児期の終わりまでに育ってほしい姿」につながる体験

特に保護者には、目に見える体の成長に比べて、子どもの内面で育とうとしていることはなかなか伝わりません。ただし、子どもたちが育っていく姿を「幼児期の終わりまでに育ってほしい姿」と結びつけて長期的な視点から説明することで、より説得力をもたせることができます。

J園では、4歳児と5歳児の植物の成長への興味や関心の変化について、特に5歳児の興味や関心のもち方を紹介したのちに、「幼児期の終わりまでに育ってほしい姿」の「自然との関わり・生命尊重」（47ページ参照）と結びつけながら説明しています。

まず、思い思いに植物の成長に関心を寄せてかかわったり、気づいたことを言葉にしたりするなどの4歳児の体験が、5歳児が行っている「責任をもって植物を世話しながら、いたわったり大切にしたりして、植物への接し方を知る体験」につながっていることを説明します。そして、最終的には、将来「自然への愛情や畏敬の念をもつようになる」、また「命あるものとしていたわり、大切にする気持ちをもって関わるようになる」ことを説明しました。

「幼児期の終わりまでに育ってほしい姿」は、18歳までに育成すべき資質・能力を踏まえ、幼児期の終わりに芽生えてくる資質・能力をまとめたものであり、将来社会人として主体的に生きていくために必要な資質・能力であることを確認しながら、目の前の子どもの発達を理解することが大切なのです。

幼児期の終わりまでに育ってほしい姿（10の姿）

項目	内容	項目	内容
健康な心と体	幼稚園（保育所・幼保連携型認定こども園）の生活の中で、充実感をもって自分のやりたいことに向かって心と体を十分に働かせ、見通しをもって行動し、自ら健康で安全な生活をつくり出すようになる。	思考力の芽生え	身近な事象に積極的に関わる中で、物の性質や仕組みなどを感じ取ったり、気付いたりし、考えたり、予想したり、工夫したりするなど、多様な関わりを楽しむようになる。また、友達の様々な考えに触れる中で、自分と異なる考えがあることに気付き、自ら判断したり、考え直したりするなど、新しい考えを生み出す喜びを味わいながら、自分の考えをよりよいものにするようになる。
自立心	身近な環境に主体的に関わり様々な活動を楽しむ中で、しなければならないことを自覚し、自分の力で行うために考えたり、工夫したりしながら、諦めずにやり遂げることで達成感を味わい、自信をもって行動するようになる。	自然との関わり・生命尊重	自然に触れて感動する体験を通して、自然の変化などを感じ取り、好奇心や探究心をもって考え言葉などで表現しながら、身近な事象への関心が高まるとともに、<u>自然への愛情や畏敬の念</u>をもつようになる。また、身近な動植物に心を動かされる中で、生命の不思議さや尊さに気付き、身近な動植物への接し方を考え、<u>命あるものとしていたわり、大切にする気持ち</u>をもって関わるようになる。
協同性	友達と関わる中で、互いの思いや考えなどを共有し、共通の目的の実現に向けて、考えたり、工夫したり、協力したりし、充実感をもってやり遂げるようになる。		
道徳性・規範意識の芽生え	友達と様々な体験を重ねる中で、してよいことや悪いことが分かり、自分の行動を振り返ったり、友達の気持ちに共感したりし、相手の立場に立って行動するようになる。また、きまりを守る必要性が分かり、自分の気持ちを調整し、友達と折り合いを付けながら、きまりをつくったり、守ったりするようになる。	数量や図形、標識や文字などへの関心・感覚	遊びや生活の中で、数量や図形、標識や文字などに親しむ体験を重ねたり、標識や文字の役割に気付いたりし、自らの必要感に基づきこれらを活用し、興味や関心、感覚をもつようになる。
社会生活との関わり	家族を大切にしようとする気持ちをもつとともに、地域の身近な人と触れ合う中で、人との様々な関わり方に気付き、相手の気持ちを考えて関わり、自分が役に立つ喜びを感じ、地域に親しみをもつようになる。また、幼稚園（保育所・幼保連携型認定こども園）内外の様々な環境に関わる中で、遊びや生活に必要な情報を取り入れ、情報に基づき判断したり、情報を伝え合ったり、活用したりするなど、情報を役立てながら活動するようになるとともに、公共の施設を大切に利用するなどして、社会とのつながりなどを意識するようになる。	言葉による伝え合い	先生や友達と心を通わせる中で、絵本や物語などに親しみながら、豊かな言葉や表現を身に付け、経験したことや考えたことなどを言葉で伝えたり、相手の話を注意して聞いたりし、言葉による伝え合いを楽しむようになる。
		豊かな感性と表現	心動かす出来事などに触れ感性を働かせる中で、様々な素材の特徴や表現の仕方などに気付き、感じたことや考えたことを自分で表現したり、友達同士で表現する過程を楽しんだりし、表現する喜びを味わい、意欲をもつようになる。

（下線は、46 ページと関連する箇所）

「教育標準時間外の保育」から 1日の生活を見直す

文京区立お茶の水女子大学こども園（東京都文京区）　園長／宮里 暁美

園の概要

●園の規模
0歳児6名、1歳児10名、2歳児11名、3・4・5歳児各22名（1号11名・2号11名）職員37名

●園の実態
　文京区と大学が協力して開設した保育所型認定こども園で、待機児童の解消と認定こども園のあり方について検討し実践することを目的としています。そのため、開設当初より国内外からの参観者を受け入れています。園運営を行う施設長に加えて、実践研究を担当する園長（大学教授との兼務）が園運営にかかわっています。

　開設準備段階では、先進的な取り組みをしている認定こども園の見学を行い、その成果をカリキュラムに活かしました。

　大学内に設置された新設園ということで、保護者の保育内容に対する関心や園への協力意識が高いのも特徴です。

●カリキュラムの特色
大切にしていること
・異年齢児のゆるやかなかかわり
・地域社会で行われていた遊びを再生する
・様々な人やものとのつながりを活かす
・日暮れから夕暮れへの流れに沿う

教育標準時間帯の設定
　3歳児は9：00～13：00、4、5歳児は9：00～15：00としました。1号認定子どもの降園を、生活の節目に合わせたいと考えたからです。

　3歳児は1号の子どもが降園した後に午睡になります。4歳児では午睡は任意、5歳児は全員午睡をしません。15時までが教育標準時間、その後おやつの時間になることで、教育標準時間内の保育とその後の保育のイメージを変えることにつながると考えました。

本園の課題・解決のための視点
課題①：教育標準時間の保育と夕方の保育が同一スペースで行われ、新鮮味がない
解決策①：夕方の保育では駐輪場前のスペースを遊び場としました。園舎2階スペースは、子どもの数の減少にともない使用する場を少しだけ縮小しました。

路地裏遊びのような雰囲気が楽しい

課題②：担任が夕方の保育も行うため、教育標準時間内の保育との区別がしにくい
解決策②：夕方保育をコーディネートする担当者を決めました（勤務時間9：30～18：30）。ほかに夕方保育担当の非常勤保育者と常勤保育者がローテーションで保育にあたるようにしました。

カリキュラム・マネジメントの実際

●おやつはカフェテリア方式

15時〜15時40分頃までがおやつの時間になります。3歳児は午睡から目覚め、順におやつを食べ、4・5歳児は共有のおやつスペースを設定し、自分のタイミングで食べるカフェテリア方式にしました。

14時半から勤務を開始した非常勤保育者がおやつを担当して机を並べていると、そこにおやつ係の子どもがやってきます。

準備が整うと鈴をならして知らせ、遊んでいる子どもたちが随時集まってきます。全員でそろって食べる給食とは違う家庭的な雰囲気が漂い、おしゃべりを楽しみながらおやつを食べます。

おやつの時間、順次子どもたちがやって来る

●自由感と安心感

15時40分過ぎから、室内や室外で好きな遊びをします。「家庭的な雰囲気でくつろいで過ごす」ために必要なことは、自由感であると考え、できるかぎり制約が少ない場を広げています。室内と室外に保育者が各1名いるようにし、4・5歳児たちは場を選んで遊べるようにしています。

3歳児は安定して遊べる場があり、そこに保育者が腰を落ちつけていることで安心して遊べるようになるので、製作コーナーに夕方担当の非常勤保育者が位置づくようにしています。

製作コーナーで保育者の周りで遊ぶ3歳児

●教育標準時間内の保育との関連

3〜5歳児の保育室はワンフロアとなっています。それぞれにクラスのゾーンを定めていますが、出入りは自由です。そのような環境の中で、それぞれに自分のやりたいことに取り組みます。遊びの様子は教育標準時間内に体験したこととのつながりが見られます。

<u>例1）やりたいことにゆっくり取り組む</u>

恐竜の図鑑は人気があるため独占して見ることはなかなかできません。夕方になり子どもたちが順次降園していくと、その時を待っていたかのようにA児は恐竜の図鑑をじっくり見ます。そのそばで、年下のB児が図鑑をのぞき込んでいます。ゆっくりとした時間が流れていきます。

例2）遊びたいものを存分に使う

5歳児が動物のフィギュアと積み木を組み合わせて動物の国を作る遊びを行っています。夕方の時間には、そのフィギュアを4歳児や3歳児が借りに来て、5歳児が行っていたのと同じようにして遊びます。

例3）異年齢のかかわりを増やす

保護者が迎えに来て子どもたちが少なくなってくると、異年齢のかかわりが一層多くなります。保育者も、そのようなかかわりを大切に見守るようにします。

● 保護者や来客者とのかかわり

17時以降のゆったりした雰囲気の中で迎えに来た保護者や祖父母が遊びの続きに少しだけかかわる様子が見られます。大学生のボランティアが遊びに来ることもあります。訪れる人がいる保育には様々な可能性があります。

迎えに来た祖父に集まってきた子どもたち

3月末に卒園した親子数組が夕方遊びに来てくれた時、まもなく小学生になる5歳児クラスの子どもたちが、昨年まで一緒に過ごしていた卒園児との再会を喜び「同じ小学校に行くよ」と話していました。一緒に遊んで過ごした日々の記憶がすぐによみがえり、楽しく遊び始めました。

● 行事の準備は子どもたちと

発表会などの行事を土曜日に行う際に、前日、会場準備を何時から開始するかで悩んでいました。子どもたちが帰ってから行うことが望ましいと考えていたためです。しかしそうなると会場準備の開始時刻がとても遅くなってしまいます。そこで考え方を変え、子どもたちと一緒に会場準備をすることにしました。子どもたちの視点も活かされ、楽しい準備の時間となりました。

成果と課題

● 成果

教育標準時間内と時間外の保育がゆるやかにつながっている状態を保育者が抵抗感なく受け入れられるようになりました。

子どもは、じっくりと遊び込む体験が保障されることで集中して遊ぶことができるようになり、教育標準時間内の保育も充実してきました。また、路地裏遊びの場や園庭、異年齢交流ができる空間の特色を活かした保育が展開できるようになりました。

● 課題

教育標準時間内の記録はクラスごとにつけていますが、教育標準時間外の保育について記録をどのようにつけていくかは、今後の課題となっています。

第3側面 カリキュラムの改善

カリキュラム改善には、例えば、年齢ごとに教職員間で1年間を振り返りながら改善する一部の教職員でできることと、全体教職員の話し合いで調整しながら次の年度に向けて改善していくようなことがあります。例えば、初めての運動会を体験した3歳児が、運動会の前よりも終わった後のほうが、かけっこが楽しくなったり、玉入れで競い合うことに興味をもったりしていました。この保育記録を読み返し、3歳児の運動会前後の過ごし方に改善が必要ではないかと考えました。この場合、「年間指導計画」に改善の要点を書き込み、次の3歳児の担任に引き継いでいきます。

ただし、保護者アンケートの結果を踏まえると、運動会のあり方に検討が必要になることがあります。その場合は、教職員全体で話し合い、さらに学校評議委員の方々にも意見をうかがいながら改善案を練っていきます。このように、毎年、大なり小なりの改善を重ねながら幼児教育・保育の質が高まっていくのです。

いずれにしても改善にあたっては、園内外の人的・物的資源等に加えて、家庭や地域の外部の資源も活用しながら効果的に組み合わせていくことが大切です。

また、教育内容や教育活動の改善を考えていく際には、視野を広げて、必要な人的・物的資源等を活用します。特に家庭や地域の外部資源も含めて、効果的に組み合わせていくことが大切です。保護者の意見を反映したり、改善案を保護者にていねいに説明したりすることで、「保護者と共に歩む」園長や教職員の姿勢が、園に対する信頼を深めることになります。幼児教育・保育の質向上に向けたPDCAサイクルの中心には、保護者と共に歩む教職員の姿勢があります。

これらを受けて、本節では、次の2点を考えます。

・園内外の人的・物的資源等を、いかに効果的に活用し、カリキュラムを改善していくか。
・どのようにして保護者と連携して、幼児教育・保育の質の改善に向かうか。

第2章

1 ハード面とソフト面の有機的なつながりをつくる

カリキュラムの改善段階では、課題の背景にある多様な要因が複雑に絡んでくるので、それぞれの要因の関連を理解し、「有機的なつながり」をつくることで、その園ならではの特色が出てくるのではないでしょうか。

ハード面とソフト面との関係

改善の進め方としては、各園の施設・設備、財政、組織、人的・物的な環境、時間等のハード面と、教職員のカリキュラムに対する考え方、指導観や保育観、教材観、子ども理解や発達の捉え方、組織文化等のソフト面が相互に絡んで、有機的なつながりをつくり出し、PDCAサイクルの好循環を生み出していくことが必要です。

例えば、園舎の改築などの理由により、園舎と園庭との関係や子どもの動線が変化する場面では、新しい環境での子どもたちの動き方や遊び方の変化を予測すると思います。この時、特に安全管理の視点が重要です。その上で、新たに指導体制を整えたり、これまでの指導計画を見直したりすることが始まります。

実際に子どもたちが活動する場面では、子どもの動き方や遊び方を観察しながら、長期的な視点で、新たな環境の中で不足している物を確保したり動きにくい場所などを改善したりしていきます。

つまり、ハード面の変化に対応してソフト面を検討したり、ソフト面の変化に対応

してハード面を整えたりして、有機的なつながりをつくっていきます。その際、園長のリーダーシップの下で、教職員が知恵と力を合わせて、「よりよい教育・保育を実現する場をつくっていく」という姿勢で臨むことが重要です。「有機的なつながり」をつくっていく力は、園長と教職員がもつ「幼児教育・保育の専門家としての知恵」と言えるかもしれません。

カリキュラム・マネジメントでは、このような教職員の協力体制と創意工夫は不可欠なのです。

「有機的なつながり」をつくる

「有機的なつながり」について、K園のカリキュラム改善の取り組みを追いながら考えてみます。

K園では、子どもたちの体力低下が課題でした。園庭の遊びを見直し、多様な運動経験をもつ子どもを育てることをめざし、3年間の研究計画を立てて取り組んでいました。こうした研究計画の背景には、近隣の高層マンションから通う子どもたちの中に、極端に運動経験が少ない子どもがいて、ここ数年、同じような反省が「年間指導計画」に書き込まれていたためです。4月、5月の月案では、天気のよい日は戸外遊びを中心に、全身を使う運動遊びに誘っていました。しかし、すぐに「疲れた」と言いながら保育室に戻ってしまう子どもがいるので、担

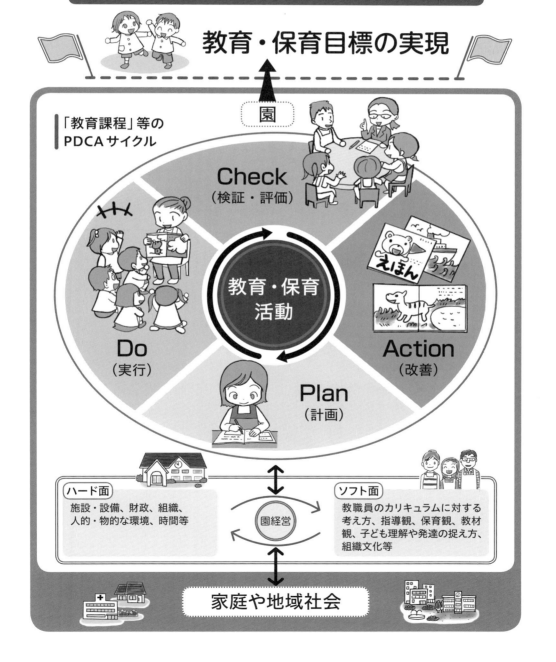

任1人で対応していくことは難しいというのが実態でした。

また、4月に入園してきた3歳児の中には、階段を1人で上る経験が少なく、2階に上る際に両手をついて登ったり、お迎えはバギーだったりすることもありました。一方で、戸外遊びが大好きな子どもたちもいたので、「発達の個人差がさらに広がった」という感想をもちました。

こうした状況を見て、園長は、毎年教職員間で実施してきた小さなカリキュラム改善ではなく、教職員全体で3年間を見通した大きなカリキュラム改善を提案し、主任を中心に研究計画を立て、この問題に取り組むことにしました。

「目的の共有」と「体験の共有」から生まれる「対話」

1年目は、園庭での遊びでは、園長や主任をも巻き込んだチームで保育することでした。複数の目と手で子どもたちの戸外遊びに対応し、その中での子どもの姿や用意した教材とのかかわりなどについて記録し、それを集めて、定期的に園内研修で話し合うことにしたのです。

園内研修では、主任から、運動経験の極端に少ない子どもは、体を動かす遊びより園庭の探索を楽しんでいると報告があり、園庭の環境を見直す際、自然環境も視野に入れていくことを提案しました。

また、3歳児担任の「子どもたちの自然

な動きを誘う遊具も必要ではないか」という提案から、一定期間ビーチボールを出してみたところ、これまであまり運動をしていない子どもたちも喜んで参加するようになったという報告がありました。ビーチボールを選んだのは、通常のボールよりもゆっくり動くので、運動遊びを得意としていない子どもたちに適した教材ではないかと考えたためです。

さらに、ほかの教職員からは「ひと休みができるコーナーもつくったらどうか」といった提案も出され、木陰にゴザを敷くようになりました。

この取り組みの背景には、「目的の共有」とともに、分担しながらチームで保育する「体験の共有」がありました。その結果をもとにした園内研修での「対話」によって新しいアイデアが生まれるようになりました。カリキュラム・マネジメントを進める上でのよい組織風土ができています。

こうした組織づくりは、園長と教職員間でその園の抱えている課題を認識し、教職員が共通の認識に立つ体験をし、体験したことを率直に話し合うことからスタートするのです。

「新たな学びの体験」の提供

K園では、2年目に、次のカリキュラム改善に向かう大きなステップアップができました。

注5）文部科学省『幼児期運動指針』（2012年）では、近年、体の操作が未熟な子どもが増えていることから、幼児にかかわる人々に向けて、「多様な動きが経験できるように様々な遊びを取り入れること」「楽しく体を動かす時間を確保すること」「発達の特性に応じた遊びを提供すること」を提案。また、その『ガイドブック』では、保護者に向けて、家族で楽しく体を動かすことや、生活全体で運動を楽しむことなども提案している。

2年目は、家庭との連携を深めていくことが課題でした。園では、体の様々な動きを誘う遊びを意識して取り入れてきましたが、降園時の保護者のお迎えは、相変わらずバギーという実態がありました。

そこで園長は、保育参観日に、子どもの運動能力は生活の中の様々な動きの中で獲得されていくことを話す講話の時間をとりました。園庭での遊びや、個々の子どもが様々な体の動きを楽しんでいる様子、子どもが遊びの中で様々な体の動きを獲得していく過程について、何枚かの写真をもって説明しました。

併せて、文部科学省が作成した『幼児期運動指針注5』の一部の紹介や、「幼児期の終わりまでに育ってほしい姿」の「健康な心と体」について説明しました。十分に体を動かせるようになるためには、3・4歳児の様々な体験が必要で、それが何かに挑戦したり自信をもったりすることにつながること、さらには、安全に対する心構えを育て、5歳児の終わりには「自ら健康で安全な生活をつくり出すようになること」につながっていくことも説明しました。

30分ほどの短い講話でしたが、保護者からのアンケートによると、「わかりやすかった」という感想とともに、「園の先生方が、子どもたちの将来を見据えて、いろいろ教材を工夫していることに改めて気づいた」

など、園の教育への信頼を寄せる言葉も数多くありました。

実は、こうした取り組みを通していちばん変化したのは、園庭での遊び方を工夫・改善してきた教職員自身でした。園長の話を事前に聞きながら、これまで「運動経験が不足している子どもたちに何とかして楽しい経験を」と思い、目の前の子どもたちの実態に寄り添って創意工夫してきたことの意義が改めて認識できたそうです。3歳児担任は「研究の意義がわかり、視野が広がった」と言っています。園長の保護者に向けた話から、自分たちが取り組んできたことを振り返ることで「新しい学びの体験」ができたのです。

3年目は、3年間の取り組みをこれまでのカリキュラムに書き込みながら、カリキュラムを改善していきました。特に、家庭との連携の部分については、「年間指導計画」の一部に、保育参観等でクラス担任が日頃から保護者に話してきたことを文字化していねいに書きました。クラス担任の経験が浅い教職員にも、理解できる書き方の工夫をしていました。

カリキュラム・マネジメントを進めるためには、「目的の共有」と「体験の共有」とともに、「対話」と「新しい学びの体験」が保障されることが必要なのではないでしょうか。

2 保護者と共に歩む

カリキュラム・マネジメントの目的は、現行のカリキュラムが、目標に掲げた育みたい資質・能力を身につけていくことにつながる経験を保障しているかどうか、もし改善すべきことがあるとしたらそれはどこか等を確認し、改善を図っていくことです。

保護者の見方と教職員の立場

こうしたカリキュラムの評価・改善の過程においては、保護者の受けとめ方は重要な意味をもちます。つまり、幼児期に育みたい資質・能力は、教育・保育期間を通してじっくり育てて、さらに、その成果を小学校に伝え、「生きる力」を培うことにつなげていくものです。すぐに、その成果が見えるわけではありません。

しかし、成果が見えないからと言って何も示さないままでは、保護者は不安になってしまいます。かつて、早期教育に頼る保護者の本音を尋ねたところ、「『まだ、大丈夫』という言葉がいちばん不安になる」という回答でした。この言葉からは、「なぜ、大丈夫なのか」かが全くわからないので、何もしないことに対してますます不安になるというのです。

確かにその通りです。園のカリキュラムも全く同じことではないでしょうか。カリキュラムを実施している園側では、その成果を実感しているかもしれませんが、それを文字化や映像化して示すなど、見える形

に示していかないと、保護者には何も伝わっていきません。むしろ、「よく遊んでいるけれど、このままで、大丈夫かしら……」という不安感をもたせる結果にもなってしまいます。

この意味で、定期的に、かつ多面的な視点からカリキュラムの実現状況を確認し、その結果を保護者にも提供していくことが必要なのです。

保護者も教職員も、「健やかに育ってほしい」「将来、生きていくために必要な資質・能力は身につけてほしい」という願いは同じです。ただし、「それをどのようにして実現していくのか」については、少し異なる思いや考えをもっていると思います。保護者によっても異なりますが、おそらく入園当初は、どの保護者とも異なるところがあると思います。

PDCA サイクルに参画を

クラス担任は、必要に応じて保護者に情報を提供したり、保護者の声に耳を傾けたりしながら関係を構築する姿勢をもつようにすることで、しだいに保護者はクラス担任の言葉を受けとめ、信頼を寄せるようになり、保育に対する理解と協力を示してくれるようになると思います。

カリキュラム・マネジメントを進める際にも、全く同じことが言えます。情報の発信と保護者の声に耳を傾けることが大切で

あり、PDCAサイクルに、保護者にどう参画してもらうかが重要です。

特に、園の教育・保育に関心をもち、我が子によりよい教育・保育を受けさせたいと望んでいる保護者の感想や意見は貴重です。子どもの行動の理解や発達に対する保護者の見方や考え方は、園の考え方や立場と少し異なっているかもしれませんが、全く異なるままでは、これからの教育・保育の成果は期待できません。そのため、保護者に対してカリキュラムがめざしているこ とを説明するととともに、保護者が何らかの形でカリキュラム評価に参加する機会をつくり、理解と協力を得ていくようにしたいものです。

「決まりやルールを守ることの指導」の受けとめは大きく異なる

L園では、毎年2回の学校評議委員会を開催しています。進め方は、カリキュラム・マネジメントとほぼ同じですが、会議には、保護者の代表の方々も参加しています。

保護者が参画するPDCAサイクル

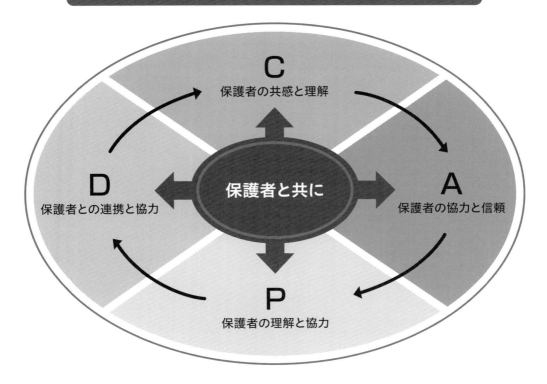

そのうちの2回目には、保護者アンケート結果を学校評議委員会に提出し、学校評議委員から意見を聞いていました。アンケートの質問項目は、現行のカリキュラムをスタートした3年前からほぼ同じにして、園のカリキュラムの実施についての受けとめ方を答えてもらうようにしています。3年前と比較すると、全体的には数値は上がっていて、カリキュラムに対する理解が深まっていることは見てとれていました。

　ただし、「自然とのかかわりを大事にした教育をしていると思いますか」等の指導場面が目に見える項目については、回答の4段階で「そう思う」「思う」を選択する保護者が多くいますが、人間関係の育ちにかかわる指導については、「あまり思わない」を選択する保護者が目立っています。

　初年度に数値が最も低かったのは、「園は、決まりやルールを守る指導を大切にしていると思いますか」という質問に対する回答でした。「あまり思わない」「思わない」という回答をする保護者が過半数近くいて、人間関係の育ちを大切にしている教職員との認識の差がはっきりと出ていました。

「我が子の育ち」を共有することから

　保護者の代表で学校評議委員会に出席し

保護者の感想や意見を参考にして自己評価する

保護者アンケートでカリキュラムを評価してもらうことで、カリキュラムの信頼性・妥当性を確保していく

可視化しづらいことを伝えるためのかかわり方に工夫する

より客観化して自己評価

ている5歳児の保護者は、「3歳児で入園してきた時は、正直、先生たちは子どもたちの遊びを見守っているけど、あまり指導していないと思っていました。ただ、3歳児の3学期の面談の時、うちの子の1年間の成長をお話しくださって、本当によく見てくださっていると思いました。けんかの仲裁の場面では、手のかかる自分の子にさりげなくかかわり、必要な援助をしてくださっているのだと思いました。多分、『思わない』と回答なさった保護者の方々は、年少組のほうが多いのではないでしょうか」と、保護者の受けとめ方を説明してくれました。

その後、教職員間では、園内研修で、この数値に対する受けとめ方について話し合いました。「自由に遊んでいる場面の指導なので、保護者には見えにくい」という保護者の感想は、もっともなことです。改善策として、保護者会等で、できるだけ保護者に、園の指導方針や指導場面を伝えることにしました。そして、教職員一人ひとりが、人間関係の育ちにつながる経験と思われる保育場面を記録に残しながら、子どもたちの人間関係が育つ姿を教職員と保護者間で共有するように努めました。

この取り組みをした翌年は、やや数値が改善したので保護者の理解は増してきたと思いましたが、園長は、毎年新しい保護者を受け入れるわけなので、人間関係の育ちに関するていねいな説明は引き続き必要であると考えています。

「社会に開かれた教育課程」の実現を

中教審答申（2016年）では、これからの学校教育では、よりよい学校教育を通じて、よりよい社会をつくるという理念の下で、「教育課程」を介してその目標を社会と共有していくことが重要だとしています。これは、「社会に開かれた教育課程」の実現への提言です。このため、カリキュラムの実施にあたっては、地域の人的・物的資源を活用したりして、学校教育を学校（園）内に留めずに、そのめざすところは社会と共有しながら実現させることが求められています。

特に、小学校以上の教科教育のような「見える教育」に対し、幼児期の遊びを通しての教育は、いわゆる「見えない教育」ですから、カリキュラムの考え方や実施と評価、改善の結果については、保護者などにていねいに説明しながら、理解と協力を得て、保護者と共に、健やかな子どもたちを育てていきたいものです。

「『もの』とのかかわりを通して学ぶ姿」を捉えたカリキュラムの改善

宇都宮大学教育学部附属幼稚園（栃木県宇都宮市）　副園長／五十嵐 市郎

園の概要

●園の規模
3歳児32名、4歳児62名、5歳児61名
教職員14名

●園の実態

　本園は宇都宮市の中心部にあります。4歳児からは2・3年保育混合クラスになります。4歳児で入園してくる子どもは他園の経験がある子どもがほとんどです。しかし、前園での生活の仕方や経験内容の違いなどから、入園後しばらく本園の保育に慣れず、戸惑いの姿を見せることが多くあります。一人っ子が約2割、第2子以降が6割強で保護者や年の離れた兄姉に手をかけられて育っている子が多いようです。保育者は（養護教諭を含む）すべて公立小学校からの異動で赴任しており、3〜7、8年の勤務を経て公立小学校へ戻り、県内の幼小連携を担う人材となっています。公立幼稚園がほとんどない県内の事情を反映して、ほぼ幼児教育経験のない教員が赴任することが多く、異動後すぐに担任をもちますが小学校教育との違いに戸惑うことが多いようです。

　そこで、本園では戸惑うことの多い子どもと教員の現実を踏まえ、環境（特に「もの」）を通したカリキュラムの改善を図ることを考えました。

●カリキュラムの特色

　本園のカリキュラムは「指導する内容」として『人・もの・生活と文化』の3つを軸に構成しています。園の教育目標や子どもの発達の様子、ねらい等を考慮に入れ3年間を8つの「期」に分け、それぞれの内容を構成しています。前回の『幼稚園教育要領』の改訂では、子どもの姿の変容から「協同性」にかかわる内容についてカリキュラムを見直しました。今回（2017年）の改訂においては、子どもの姿や園の状況に鑑み、子どもの主体性を生み出す環境としての「もの」とのかかわりに焦点を当てることで、保育の質の向上が図れるのではないかと考え、カリキュラムの改善を試みました。

カリキュラム・マネジメントの実際

　今回の『幼稚園教育要領』等の改訂では「教材の工夫」という文言が初めて明文化されました。本園ではこれまで、環境を通して行う教育の中心に「もの」をおいており、「新しい教材」をテーマに研究保育などを行ってきた実績もあります。しかし、そのことがカリキュラムにきちんと整理し盛り込まれていないものもあり、今回の改訂を機にカリキュラムの改善に取り組むことを考えました。

●砂粘土作りに初挑戦

　ここでは本園で教材研究を重ね、保育の素材の1つとなった「砂粘土」※の事例について紹介したいと思います。

　本園ではこれまで、いろいろな「粘土」（小

麦粉粘土、紙粘土、油粘土、土粘土等）を年齢や経験に応じた教材として提示してきました。今回「砂粘土」を教材として取り入れたきっかけは5月の園内研修のテーマとした『4歳児の教材作り』でした。皆で「手作りで装飾でき、形に残るもの。かつ日々の保育に活かせるもの」という方向性を決め、4歳児担任による素材探しの教材研究が始まりました。参考にした資料の中に「砂粘土」の作り方や作品が紹介されている本がありました。「砂」は可塑性があり、装飾ができ、日々の保育にも使えるということで、さっそく取り入れることにしました。しかし、試作してみるとすぐに崩れてしまい思うようにいきません。自分たちが理想とする「砂粘土」に近づけるため、分量や混ぜる順序等を変えるなどして試行錯誤してできたのが本園の「砂粘土」です。

※砂粘土は、遊び用砂にトイレットペーパー、水、でんぷんのりを混ぜて作った砂の粘土。

●教員皆で砂粘土の可能性を探る

「砂粘土」が出来上がり、保育に使ってみると、子どもにはこちらが予想していた以上の体験ができることがわかりました。当初は「感触を味わう」「作る」「飾る」「型抜きする」程度の経験ができればよいと考えていましたが、「盛る」「くっつける」「塗る」「削る」「並べる」「積む」「再生する」等の経験もできました。研修会ではこの時期の幼児（4歳児）にとって「砂粘土」にふれることは、それまであまり経験したことのない多様な経験を生むことが確認されました。そして、その様子から「その子なりに働きかけながら遊ぶ」「身近な環境に対して驚きや親しみを感じてその中にひたりきって遊ぶ」という「ねらい」の意味づけにも結びつきました。

●4・5歳児それぞれの取り組み方の違いが、「教育課程」の改善へ

4歳児の結果を受け、5歳児に対しても「砂粘土」を環境として取り入れてみることにしましたが、素材に興味を示して遊ぶ様子はあっても、4歳児ほど「ひたりきる」という姿は見られませんでした。しかし、「砂粘土」が足りなくなったので一緒に作っていくと、「なぜそれを入れるの？」とか「これ

をもっと多くするとどうなるかなあ」とか材料のもつ役割や量、作り上げる過程などに興味をもち、担任と一緒に作ることに試行錯誤する姿が見られました。4歳児でも一緒に「砂粘土」を作ることはありましたが、材料を混ぜ合わせる感触を楽しむことはあっても、5歳児のような様子は見られませんでした。この結果、5歳児では材料の分量を変えることで「砂粘土」の固さが変わることに気づき、それに応じた使い方を考えることにつながりました。そうした姿を捉え幼児理解が深まり、「教育課程」全体を見通した中での5歳児のこの時期のねらいや指導する内容に「身近な環境に積極的に働きかけ、試したり、考えたりする」「自分なりに何度も試したり工夫したりしながら遊ぼうとする」などの言葉を加えることになりました。

今回の教材の作成では、4歳児の教材作り＝P、「砂粘土」の教材開発＝D、4・5歳児への保育の実施＝C、カリキュラムの改善＝Aのサイクルが成り立つと考えられます。「砂粘土」の活用においては今後も、子どもの興味・関心＝P、保育の展開＝D、適正な遊び方＝C、カリキュラムや指導計画の見直し＝Aと教材開発当初とは異なる「PDCAサイクル」の活用が考えられます。

成果と課題

本園では、子どもの経験を考慮した教材の選定に取り組んできましたが、今回は子どもの実情に応じたかかわりを育む教材の選定となりました。教材の選定をすることで、子どもの今の姿を見直したり、再確認できたりしたことも、カリキュラムの改善につながったと考えます。また、作成した教材を元に、それにともなう「PDCAサイクル」を確立したことも大きな成果と言えます。本園ではベテランも初任者も同じ立場で研修会に参加します。今回もそれぞれの経験に基づいて意見を交換し4・5歳児の事例を共有し、意味づけを行ったことで実を結びました。

● 今後の課題

同じ教材でも時期や年齢に応じ使い方や経験の内容が変わることを考慮しながら、どんな教材をどの時期に使うことが子どもの発達にとって適するのかを一覧表にするなどして、「もの」と子どもの経験の質の関連がわかるようにしていきたいです。それが保育や教員の質の向上につながると考えられるからです。

第**3**章

カリキュラム・マネジメントを
支える組織づくりとは

カリキュラム・マネジメントは園長だけが進めるもので
はなく、園長がリーダーシップをとりながら教職員全体
で進めていくものです。園の組織のあり方を考えます。

第3章

1 園長に期待されるプロデューサーとしてのリーダーシップ

カリキュラムをプロデュースする

グランドデザインの策定では、園長が教育・保育の未来を熱く語ることが必要です。ただし、実際にカリキュラム・マネジメントを進める際には、全教職員の協力体制の下で進めていくことが大切です。すなわち、園長がリーダーシップをもつことは必要ですが、それは、必ずしも「グイグイと教職員を引っ張っていく」というイメージではではありません。

カリキュラム・マネジメントの主体はあくまでも実践者である教職員です。園長はその中心にいて、教職員の取り組みの成果と課題を集め、また保護者や地域の人々の声に耳を傾けながら、カリキュラムをプロデュースしていくという役割を果たしていきます。

実践者の「気づき」を活かす

カリキュラム・マネジメントの軸は、日々の実践の中にあります。このため、すべて園長の指示を受けて動くのではなく、教職員一人ひとりが園の方針を理解し、それを意識しながら実践をして、その中での「気づき」を教職員全体で共有し、カリキュラムの改善につなげていくことが大切なのです。

したがって、プロデューサーとしての園長の仕事の第1段階は、教職員一人ひとり

の「気づき」を集めていくことです。

カリキュラムを実践する中で、実践者はカリキュラムにかかわって様々な「気づき」をしていると思います。それは素朴なことかもしれませんが、その感覚は重要です。

例えば、M園では、「年間指導計画」の見直しを中心にしてカリキュラム・マネジメントを進めていました。その際、月ごとにキーワードを拾いながら「年間指導計画」の見直しをしています。4歳児4月は、子どもの姿に「進級当初は新しい環境に慣れず、不安定になる」と書かれ、ねらいの1つには、「新しい園環境に慣れる」をあげていました。そこで、「不安定」をキーワードにして、子どもの姿を集めることにしました。実際に新学期が始まってみると、実践者から報告には、必ずしもそうとは言えない子どもの姿が多数ありました。

例えば、ほとんどが3歳児クラスからの進級児なので「久しぶりの園生活を楽しみにしていた」「気候がよいので、園庭で、いろいろな草花や小動物などの身近な環境に積極的にかかわり、探索を楽しむ姿がある」「小さい組の子どもたちが入園してくると、張り切って世話をする子どもの姿がある」等々、必ずしも不安定とは言えない子どもの姿です。実践者からは、子どもの姿として「不安定になる」と言い切ることに少し違和感があるという報告もありました。

その一方で、「進級時、新しい担任との距離を置いて、遠くから担任の様子を見てい

る子どもがいる」「子ども同士のトラブルにかかわる担任の様子を心配そうにじっと見ている子どもがいる」等、周りの様子をうかがう子どもの姿の報告もありました。

4歳児の「年間指導計画」の「不安定」という言葉をキーワードにして子どもの姿を集めてみると、単に新しい環境に対して不安というよりは、担任やほかの子どもとの新しい人間関係に対して戸惑っている様子が見てとれました。こうした実践者の「気づき」を集めることにより、この時期の子どもの姿が浮き彫りになってきました。

改善に向けた話し合いの場をつくる

プロデューサーとしての園長の仕事の第2段階は、こうした実践者の「気づき」を教職員間で話し合い、課題を共有して改善に向けて必要なことを洗い出していくことです。

子ども理解や実践にかかわる日常的な話し合いや、ケースカンファレンス、園内研修等の時間や場を確保するということはもちろんですが、その話し合いの場が「専門家としての知恵」を出し合う、学び合いの場となっていくことが大切です。

もちろん、こうした職場の雰囲気は、すぐにできるものではありません。教職員間で話し合いを重ねる中で、学び合い育ち合う関係をじっくりと形成し、専門家ならではの開かれた園組織をつくっていくことが重要です。そのため、園長には、教育・保育の専門家集団をつくるための見識が求められます。

開かれた園組織に求められる視点

①**教職員一人ひとりに専門家として成長する場が保障されている。**

園内外の研修の場が保障されている。また教職員自身が専門的な成長を実感できる場があることが大切です。

②**教職員間で目標が共有され、同僚性が築かれている。**

気軽に話し合う雰囲気がある、仲がよいということだけではなく、目標の共有ができていて、そのために協力関係を構築していることが大切です。

③**園の方針や教育・保育の進め方がわかりやすく示されている。**

特に若い教職員や保護者も理解できるように、園のグランドデザイン、「教育課程」や「全体的な計画」などがわかりやすく示されていることが必要です。

④**教職員が選択したり意思決定したりする機会が確保されている。**

特に、実践の場で教職員が選択したり、意思決定したりする機会が保障されていることが必要です。

⑤**新たなことに挑戦することを支持する雰囲気があるか。**

「初めての取り組み」あるいは「挑戦的な取り組み」等、新たなことを受け入れる準備ができている、あるいはそれを支持する雰囲気が大切です。

広い視野をもち、指導性を発揮する

　プロデューサーとしての園長の仕事の第3段階は、園長は広い視野をもって課題を捉え、今後どのような方向にカリキュラムの重点をおくか、そのために何をするのかなどについて、その指導性を発揮していくことが期待されていることです。

　カリキュラム・マネジメントの取り組みにはゴールはありません。ある意味では、「エンドレス・リレー」に似たところがあります。エンドレス・リレーでは、子どもたちはいつも最善を尽くし、ひたすら走り続けます。競い合う雰囲気が楽しいのでエンドレスになり、夢中になって走り続けて、その結果、体力や運動能力を身につけ、自信をもっていきます。

　カリキュラム・マネジメントの始まりは、「やらなければ」という使命感や責任感から始まるかもしれませんが、1つの課題を追求している中で、次々と取り組むべき課題が生まれます。まさに「エンドレス」です。「エンドレス」だからこそ、「よりよい教育・保育」が実現していくことができるのだと思います。このため、広い視野をもった園長がその指導性を発揮し、課題に優先順位をつけたり、教職員で役割分担したりして、園内の体制を整えて、リーダーシップをとりながら進めることが必要なのです。

園長はプロデューサーになる

保護者と話をする → 気づき
子どもと遊ぶ → 気づき
保育記録を記す → 気づき
→ 園長「集めた『気づき』はみんなで共有していかなくちゃ」

園長は教職員の「気づき」を集め、それを教職員間で共有しながら皆で学び合える場をつくったり、課題に優先順位をつけたり、役割分担をするなど、リーダーシップをとるプロデューサーとなる。

2 教職員の話し合いの場から PDCAサイクルの好循環へ

カリキュラム・マネジメントでは、園長のリーダーシップのもとで、教職員の協力体制が整っていることが不可欠です。そのためには、話し合いに基づいた相互連携とPDCAサイクルの好循環をつくっていくことが必要ですが、どのようにしたらよいでしょうか。

当事者意識をもって話し合いに臨む

カリキュラム・マネジメントを実施していくためには、教職員間でその目的を共有し、教職員一人ひとりが、カリキュラムの実践者として当事者意識をもって臨むことが必要であることは言うまでもありません。

ただし、矛盾した言い方かもしれませんが、どの園も、こうした目的の共有や当事者意識がはじめからできていて、カリキュラム・マネジメントを実施しているわけではありません。むしろ、カリュラム・マネジメントを実施していく過程で、教職員間で目的の共有や当事者意識が醸成されていくことになるのだと思います。

そのためには、園内研修等の話し合いを通して、いかに教職員間で対話的な関係を構築していくかが重要です。対話的な話し合いは、教職員自身の実践の悩みを解決する場であるとともに、そこでの「気づき」がカリキュラム・マネジメントにおけるPDCAサイクルの好循環につながっていくからです。

意見の交流を通して、保育を学ぶ

おそらく多くの園で、保育終了後に教職員が職員室に戻って、今日1日の子どもの様子や保育を振り返りながら自由に話したりするインフォーマルな場があると思います。また、園内研修などのフォーマルな場では、テーマに沿って事例をあげながら、子ども理解や教職員のかかわりについて話し合うこともあると思います。いずれも、教職員間で対話的な関係をつくっていくための貴重な話し合いの場です。

よく言われていることですが、インフォーマルな場での話し合いが活発に行われている園では、園内研修などのフォーマルな話し合いの場でも活発に意見が交わされるそうです。おそらく、日常的な教職員同士の会話の中で、子ども理解や保育について新たな知見を得ることができ、学び合う関係ができているのでしょう。経験の浅い教職員にとっては、先輩たちの会話を通して、保育に参加している実感を得ることができます。

しかし、逆の場合もあります。保育について話し出すと、「それは『年間指導計画』に書いてあるでしょ。読んでないの？」などと言われてしまい、それ以上会話が発展しないということがあります。確かに「年間指導計画」には書いてあるけれど、実際には様々な子どもがいるので、それだけでは理解できないことに悩んでいるのです。

しかし、そのことを理解できていないのです。こうしたやりとりが続くと、職員室は話しにくい雰囲気になってしまいます。

　保育は確かに難しいものです。クラス担任をしていると、どうにもうまくかかわれないと感じられる子どももいます。ただ、先輩のアドバイスを受けてその見方を少し変えてみると、その子どもが訴えていることが理解できて、「そうだったのか」と納得し、気が楽になることがあります。そういった担任自身の見方の変化は、子どもにも伝わります。子どもの姿には、保育者の子ども理解が映しだされるのです。

　保育終了後の教職員同士の会話は、一見たわいもない「おしゃべり」に見えるかもしれませんが、それは子ども理解や保育の多様さを学ぶ場面になっています。こうした「保育の日常」を支えるのが、職員室での会話です。そして、理想的な職員室の雰囲気は、おそらく、主任やミドルリーダー、教職員の意識と専門性に支えられてつくられていくのだと思います。

ケース会議で「体験の共有」

　フォーマルな話し合いの場としての園内研修は、日々の保育実践の「目的の共有」と「体験の共有」を確認する大切な場です。おそらく、園内研修に参加することを通してカリキュラムの実践者としての意識がつくられていくと思います。限られた時間の中で、園内研修をどのような話し合いの場にしていくのかは、日常の保育や教職員の構成、カリキュラム・マネジメントの進め方等との関係から、計画性をもって臨んでいるかどうかに左右されます。このことについては、「カリキュラム・マネジメントを推進する園内研修」（76ページ）で述べたいと思います。ここでは、いかにして保育実践の中で「体験の共有」をしていくかについて、Ｎ園のケース会議から考えてみましょう。

　Ｎ園では、月に１回程度の学年ごとのケース会議を中心にして、教職員間で保育の課題を共有するようにしています。ある３歳児クラスの教職員たちによる９月のケース会議で、障害のある子どもとのかかわり方について悩む初任からの報告があり、それに対して３歳児クラスの教職員たちが意見を交換していました。

　初任の報告が始まる際、コーディネーターの中堅（学年主任）は、「今日は、"ａ先生のクラスのｂちゃんのことをもっと知ろう会"です」と言いながら、みんなでｂちゃんの理解と保育について考え合う研修であることを確認し、初任が報告しやすい雰囲気をつくることを心がけていました。

　コーディネーターは、ケース会議が初任の学びの場になることをいちばんに心がけていますが、同時に、コーディネートをする自分自身にとっても、いかに話しやすい雰囲気をつくり、全員参加の話し合いにしていくかが課題であるということを認識し

ています。さらに、ほかの教職員は、a先生の話からbちゃんのことを理解して、チームで保育を進めていく際の参考にしたいと思っていました。

　また、そのケース会議に参加している主任は、話し合いに行き詰まった時のアドバイスをする役ですが、コーディネーターの言葉を活かしながらアドバイスをするようにしていました。

　このケース会議が、bちゃんのかかわりに悩むa先生の抱える問題を解決する場であると同時に、参加者それぞれが自身の保育者としての資質向上につながることを意識して参加しています。

　ベテランに囲まれた初任の場合、ベテランと子どもとの関係のエピソードはモデルにはなりますが、一方で、「なぜ、自分のクラスではできないのだろうか」と思い、保育の悩みを1人で抱え込みやすくなってしまいます。そこで、初任の報告を中心にして、みんなで共有できるようにしました。その話し合いの進め方については、コーディネーターがあらかじめ園長や主任に相談していました。

　こうしたケース会議の進め方を聞いて、カリキュラム・マネジメントを進めていくためには、教職員それぞれの役割を認識する組織づくりと、保育の課題を共有する開かれた場が必要であることがわかります。また、それは5年後、10年後の園運営を見据えて人材を育成していこうとする園長のリーダーシップに支えられていると思いました。

一人ひとりがカリキュラムの実践者になる

日々の保育課題を共有する
進行役は話しやすい雰囲気をつくることが大切

それぞれに当事者意識が生まれる

3 鍵を握るミドルリーダー

何をマネジメントするのか

「マネジメント」という言葉は、経営の効率化等と同じように経済活動ではよく使われています。物的・人的な様々な資源をリスク管理も含めて、目標の達成のために有効かつ効率的に活用することを「マネジメントする」と言います。確かに教育の分野では、あまり馴染まない言葉かもしれません。しかし中教審答申（2016年）では、教育の分野においても、目標の達成に向けて戦略的にマネジメントすべきではないかという立場から、カリキュラム・マネジメントを提唱しています。

もちろん、経済活動のマネジメントをそのまま教育の分野に置き換えることはできません。目標の達成や資源の有効活用などの言葉は同じでも、そのためにどのような体制で臨むのかとなると、経済活動のそれとは大きく異なるからです。

ましてや「見えない教育」と言われる幼児教育や保育の世界では、何をもって目標の達成とするのかがわかりにくく、物的な資源の活用だけでなく、人的な資源が大きな意味をもってくるので、それを支える体制づくりにはそれなりの工夫が必要です。

体制づくりのために必要なことは、まず園長のリーダーシップです。カリキュラム・マネジメントでは、「こんな子どもに育てたい」あるいは「地域に信頼される園にしていこう」という園長の語りや夢をグランドデザインに位置づけます。特に重点事項については、その実現をめざして教職員間で話し合いと実践を重ねながらカリキュラム改善を図っていきます。それがしだいにその園の特色となって、さらに保護者や地域の方々に受けとめられていきます。その過程は、園長をはじめとする全教職員が参加することで実現する営みなのです。

鍵を握るミドルリーダー

若い教職員は、「カリキュラム・マネジメントは、園長や主任がする仕事」と思っているかもしれません。確かに、最終的な取りまとめは園長の責任で行われますが、カリキュラムの実施や評価、改善などの実際の取り組みは、現場での実践を通して実現していきます。

教育は理想の追求です。理想なしに教育は成立しません。ただし、教育の実践者は常に理想と現実の間にいて、その間を行ったり来たりしながらも理想をめざして、日々努力しています。このようにして目標に近づいていく過程は、まさにカリキュラム・マネジメントの過程と重なってきます。

この過程において鍵を握るのは、実践の中心にいるミドルリーダーです。保育では、予想外の展開ということはよくあります。キャリアを積み重ねてきたミドルリーダーであれば、予想外の出来事であっても、ある

注6) 文部科学省の「幼児期の教育内容等深化・充実調査研究」委託を受けた保育教諭養成課程研究会が作成した『幼稚園教諭・保育教諭のための研修ガイドIII』(2017年)『幼稚園教諭・保育教諭のための研修ガイドIV』(2018年)では、ミドルリーダー前期を「実践の中核」を担う、ミドルリーダー後期を「園運営の一翼」を担うと、ミドルリーダーの前期後期に分けて、それぞれに求められる資質や研修について述べている。

程度のことは「保育の日常」として受けとめながら臨機応変に対応するでしょう。また、子どもの見方に複数の視点をもっているので、安定したクラス運営ができると思います。この意味で、ミドルリーダーは「洗練された保育ができる人材」と言えるかもしれません。

最近、ミドルリーダーが注目され、その育成を目的とした研修もよく実施されています。ある研修会で「ミドルリーダーは役職名ではないので、いつからミドルなのか、またミドルリーダーになるかがわからない」という質問がありました。確かにミドルリーダーに、はっきりした線引きはありません。ここで取り上げているミドルリーダーとは、「実践の中核になって動く立場[注6]」にある人材のことです。園の規模や教職員の構成によって多少は異なるかもしれませんが、役職名では、教務主任や研究主任、学年主任の立場の方々をイメージしています。

例えば、今、幼稚園では、『学校教育法』の改正で「教諭」に対して「主幹教諭」「指導教諭」という職名ができていて、これがミドルリーダーに相当すると思います。ポイントは、管理職ではなく、担任をもち自らの専門的力量に基づいて、一般の教職員の指導および助言にあたる人材という点です。

実践を通してカリキュラムを開発

ミドルリーダーは、経験があるだけではなく、専門的力量があり、かつ意欲があっ

て指導を改善していく力を有している人材です。主な役割は、要領・指針の主旨に基づいてカリキュラムの編成をしたり、自らの実践をもってカリキュラムを開発したりしていくことです。

実際に、研究主任などの役職をもっている場合は、園内研修を企画立案する立場になり、カリキュラムの編成やカリキュラムの開発をするでしょう。学年主任であれば、自ら保育を行い、若い教職員に最も近い位置で子どもの実態や教職員の声を把握しながら、実践の方向を見据えていく役割をもつと考えます。いずれにしても、子どもの実態や教職員の声を受けとめ、自らの保育に反映していくことでモデルとなり、園の保育実践をけん引していきます。

特に若い教職員が多い場合は、必ずしも要求されているすべてに応じることができるわけではありません。2年、3年の見通しをもち、若い教職員が力をつけながら改善に取り組むこともあります。ミドルリーダーは、一般の教職員の最も近い位置にいる、また子どもの実態を直に把握しているということから、現実を踏まえた提案ができる立場にいます。このことを本人だけでなく、園長等の管理職も認め、そうした人材を育てていくことが、重要になるのです。

組織のコミュニケーションの活性化

実践の中核を担うミドルリーダーに期待さ

れるもう1つの役割は、組織のコミュニテーションの活性化を図ることです。そのためには、園長等の管理職と、教職員とのつなぎ役となることです。ミドルリーダーは、園長等の考えていることを一般教職員にわかりやすく伝えるとともに、一般教職員が実践の中で感じたり気づいたりしたことをまとめて園長等に伝えながら、組織のコミュニケーションをよりよくしていく立場にあります。問題が生じた場合には、園長等に報告したり、相談したりするとともに、若い教職員には指導や支援をすることが求められます。

最近、幼稚園から幼保連携型認定こども園に移行した園では、教育と福祉の両方の機能をもち教職員が増えたこともあり、園長、主任（1人）、一般教職員（複数）という組織から、園長、副園長、主任（幼児クラスと乳児クラスの2人）、さらにミドルリーダー（幼児クラスと乳児クラスの各2人）という組織になったそうです。

当初は、なかなか職員会議や園内研修の時間がとれず、しかも非常勤職も増えたので教職員間のコミュニケーション不足を感じていました。そこで、副園長、主任とミドルリーダー、ミドルリーダーと一般教職員とのミーティングを定期的に行うようになったことにより、組織のコミュニケーションの活性化が図れるようになったそうです。

園長等の管理職と、教職員とのつなぎ役となり、全教職員が参加するカリキュラム・マネジメントの推進役となるミドルリーダーの育成が、今後の重要な課題となっています。

実践の中核になるミドルリーダーを育てる

ミドルリーダー
園長等の管理職と一般教職員を
つなぐ橋渡しの役割

4 教職員の連携を深める組織づくり

　カリキュラム・マネジメントを進める際、教職員全体で取り組むことが前提ですが、園長、主任、教職員等それぞれがどのような役割を担い、どのような立場でカリキュラム・マネジメントに臨めばよいのでしょうか。特に、園の組織づくりの視点から考えてみます。

理想と現実の間での葛藤

　カリキュラム・マネジメントについての話し合いを始めると、「子どもの実態を把握しているだろうか」「保護者の声はどうか」「改善の方法は、ほかにもあるのではないか」等々、次々と気づきや疑問が生まれてきて、どこから始めてどう進めるとよいのか悩むのではないでしょうか。

　それは、どうしたらよいかが全くわからない状態ではなく、むしろ、いよいよ動き出した状態であるからこそその悩みと言えます。

　教育の仕事は、無定量で無制限、無境界であるとよく言われますが、保育の仕事も全く同じです。子どもたちにとって「よりよいもの」を求めるので、「これで十分」とは、なかなか言えません。1つのことを考えている中で、あれもこれもと考えて、課題を整理できなくなってしまうことはよくあります。

　それは、理想（目標）と現実（子どもや、園、地域の実態、教職員の実態等）の間において、質の改善に向けて葛藤している状態

なのかもしれません。もちろん、高い志をもって臨むことは必要ですが、それだけでは限りある時間や人材、予算などの壁にぶつかってしまい、改善にはつながりません。教職員間で理想の方向を確認しながら、「今できることから始める」という実態を踏まえた現実的な対応が必要です。

園長の役割と分散型リーダーシップ

　くり返し述べてきましたが、ここで求められるのは園長のリーダーシップです。それは、単にトップダウンで物事を進めることではありません。園長は、園のグランドデザインを示し、教職員と話し合いながら、それらを共有していきます。その上で、園長は、主任やミドルリーダー等に働きかけてその力を発揮できるようにし、リーダーシップを分散して園全体を動かしていくようにします。

　つまり、ミドルリーダーが力を発揮する場をつくりながら分散型リーダーシップをとり、園全体が目的に向かって動けるシステムをつくることが必要なのです。

ポジティブな園の組織文化

　O認定こども園では、認定こども園に移行して3年が経ち、やっと園運営が安定してきました。ここ3年間は、クラス運営や園行事、保護者との連携等々、いつもなん

73

らかの課題を抱えていましたが、こうした機会を通して、ポジティブな園の組織文化が整ってきたそうです。

これまでは、園長、主任やミドルリーダー、一般の教職員がそれぞれの立場で「知恵」を絞りながら、どうにか乗り切ってきた3年間でした。行き詰まった時の園長の口ぐせは、「やってみなくてはわからない。とにかくやってみようよ」だったそうです。こうしたポジティブに物事に取り組む姿勢が、いつの間にかミドルリーダーやほかの教職員にも影響を与え、園全体のポジティブな雰囲気がつくられていきました。

園長は、「これまでは、一度にあれもこれもできないので、とりあえず来年度は何を重点にしていくのかを考えながらでした。今は、5年後の長期的な視点に立って、この園は何ができるのか、そのために必要なことは何なのかを考えるようにしている」と言っていました。ただし、「次のステージでも、教職員間でグランドデザインを共有しながら日々の保育を進めていかなければならないと思うし、この体制は変わらない」と付け加えていました。

園の組織文化における園長の姿勢が大きな位置を占めていることに、改めて気づかされた報告でした。

教職員一人ひとりが 参加できる組織づくり

ここで、ハード面から考えてみましょう。

各園では、園の様々な仕事を教職員で分担する「園務分掌」を行っていると思います。園務分掌において、教職員が園務をどう分担しつつ相互に連携していくかは、園組織のあり方を決めていきます。

園務とは、園運営に必要なすべての仕事を包括的に示したものであり、内容的に大別すると、①カリキュラムの編成、実施、管理にかかわること、②保護者や地域との連携等の園運営にかかわること、③人事や勤務管理にかかわること、④施設・設備の整備・管理にかかわること、⑤予算やその執行にかかわることなどがあげられます。

園長は、それら園務全体をつかさどり、各教職員はそれぞれの役職やキャリアに応じて分担します。問題は、限られた人材を有効に活用するために、どう園務分掌を行い、園を組織化していくかです。園は、小学校以上の学校ほど役職はないので、役職のない教職員も責任者として園務を担当し、園長との連絡を密にするとともに、担当者同士の連携を図りながら、それぞれの役割を果たしていくことになります。

「分掌」とは、仕事を手分けして受けもつことですが、教職員の人数が少ない園では、必ずしも、分担して個別に進めることがよいというわけではありません。むしろ、分担しながら効率的に仕事を進めていくことに合わせ、担当者の提案に基づき、みんなで協力体制をもって仕事を進めていくことの両面が必要になります。園の実態に沿っ

た園務分掌と園の組織のための柔軟な運用を前提として、カリキュラム・マネジメントが実現していくと考えます。

若い教職員が育つ組織風土をつくる

効率的に仕事を進めていくための園務分掌ですが、それを通して、教職員一人ひとりが組織の一員として自信をもって仕事を進めていくことも必要です。

若い教職員が多い園の園長は、「どんな仕事でも、任されることで組織の一員としての自覚が生まれるので、できるだけ1人1役を担当するようにしている」と話され、実際には、「カリキュラムの部門」にあたる園庭の環境整備や遊具の管理等を若い教職員が担当し、日常の保育とかかわる仕事をしていました。また一方では、チェックシートなどを作り、できるだけ仕事の内容をわかりやすく示しています。

それでも、わからないことが多く戸惑うことがありますが、大事なことは、若い教職員が園務分掌を遂行することを通して、日々の保育を支えている様々な要因に気づいていくことであり、同時に、若い教職員が困っている時に先輩が助けてあげられる職場の雰囲気をつくることであると、その園長は割り切っていました。

園務分掌通りにいくかどうかではなく、園務分掌の遂行を通して、若い教職員が育つとともに、教職員間の協力体制ができていくことを期待していたのです。

園務分掌と教職員の連携が重要

園長　副園長

渉外（PTA、地域の諸機関）

教務主任

教務………教務、行事、安全指導、避難訓練、
　　　　　保健・健康診断、食育
環境整備…教材管理、園庭・施設整備

研究主任

研究………カリキュラム、園内研修、
　　　　　特別支援教育

事務主任

事務………庶務、経理、管理

園務を分掌することで、若い教職員が日々の保育を支えている様々な要因に気づくことができ、成長を促す効果がある

5 カリキュラム・マネジメントを推進する園内研修

園内研修は
カリキュラム・マネジメントの要

　園内研修は、どの園でも実施していると思いますが、教職員側は「カリキュラム・マネジメントのために」ではなく、園内研修で教職員としての資質を向上させたい、あるいは園の教職員と一緒に学ぶことで共通理解を深めたいという意識で参加しているのではないでしょうか。それは間違いではありません。教職員の資質向上もみんなで学ぶことも大切なことですし、それらは、最終的には園の幼児教育・保育の質向上につながっていきます。カリキュラム・マネジメントの目的とも重なっています。

　むしろ、園内研修そのものがカリキュラム・マネジメントの一環なので、特に園内研修での教職員の話し合いを、カリキュラム・マネジメントの要において考えることが必要でしょう。これまで園内研修を通して、指導計画や指導について話し合い、カリキュラムの評価・改善を行ってきたと思います。また園長や主任は、その話し合いに参加しながら、保護者や地域の専門機関との連携等の必要性を確認し、園経営の改善事項とし、幼児教育・保育の質の向上につなげてきたと思います。

　園内研修をカリキュラム・マネジメントの中に位置づけることは、これまで幼児教育・保育の質向上に取り組んできたことを相互に関連させながらグランドデザインを描き、組織的に考えていくことにつながります。また、「教育課程」や「全体的な計画」の検討が軸になることで、持続・発展的に教育・保育を捉えていくことにもつながります。園全体で「我が園の課題」を共有し、解決に向けての方略を話し合いながら、幼児教育・保育の質向上の道筋をつくっていくためには、園内研修をその場としていくことが重要なのです。

保育を見合い、
子ども観や保育観を共有する

　園内研修をカリキュラム・マネジメントの中に位置づけるからと言って、研修そのものの内容や進め方を変える必要はありません。園内研修では、研究保育を通して、教職員間で保育について話し合い、子ども観や保育観を共有していくことが大切です。

　造形活動をテーマにカリキュラム開発をしているP園では、毎月1回ほどですが研究保育を行い、それに基づいた話し合いをしながら、子どもたちの楽しい造形活動を引き出す環境構成の工夫を考えています。

　3歳児の研究保育では、従来のスタンピングの用具に加えて、割りばしの先に4cm四方に切ったスポンジをつけた「スポンジ筆」を作っていました。これまでやってきたプリンカップのスタンピングでは、その都度絵の具をつけていましたが、スポンジ筆は、スポンジに絵の具がしみ込んでいるので、連続してスタンピングができます。

子どもたちと共に生活してきた教職員ならではのアイデアです。予想通り、子どもたちは、スポンジ筆を握ってポンポンと紙に押しつけ、リズミカルにスタンピングをくり返し、動きのある模様が生まれることを楽しんでいました。

　ある子どもは、スポンジ筆をねじりながら紙に押しつけ、チョウチョウの形になることを発見しました。同じ動きをくり返し、次々とチョウチョウの形ができていくことを楽しんでいます。また、いつもの画用紙ではなく、長いロール紙にスタンピングを行ったことで、子どもたちが作り出す模様に連続性が出てきました。スポンジ筆や長いロール紙があることで、子どもたちが、全身で造形活動を楽しんでいました。

　研究保育終了後の話し合いでは、子どもたちの造形活動で、材料や用具のあり方が大きな意味をもつことを改めて確認し、次年度は、子どもたちの楽しい造形活動を引き出すための材料や用具に焦点を当てて、身近にある様々な素材を見直すことにしました。同時に、材料を手にした3歳児が自由に表現する姿を確認し、次年度は、この視点から4歳児、5歳児が表現する姿も見ていきたいと考えました。

　園長は、教職員たちの話を聞きながら、子どもたちの表現する過程を重視し、子ども観や保育観を共有していることを改めて理解しました。そして、幼児期に育みたい資質・能力の1つである「豊かな感性と表現」を踏まえ、子どもたちが表現する過程を楽しむことを大切にしたいと思いました。同時に、子どもたちが楽しんで表現する姿は、豊かな感性や表現力を育む上で大切な体験であることを保護者にも伝えていくことが必要であると考えました。保護者には、作品として出来上がったものだけが造形活動の成果として伝わっていきがちなので、園では「なぜ、子どもたちの表現する過程を大切にしているか」、また「教職員は、いかにして、子どもたちが表現する過程を楽しむようにしているか」等、「見えない教育」としての幼児教育・保育をわかりやすく伝えていかねばならならないと思いました。さらに、次年度、材料や用具の見直しを視野に入れた教材研究を進めるために園経営として配慮することは何か、あらかじめ考えておかねばとも思いました。

　研究保育を中心にしてカリキュラム開発を進めてきた報告を聴きながら、改めてみんなで保育を見合うことの意義を理解することができました。保育を見合い、話し合うことを経て、子ども観や保育観が共有されていくことにより、次年度に取り組むべき課題が見出され、カリキュラム・マネジメントが進められていくのだと思います。

園内研修を効率的に進める工夫

　保育時間の長時間化により、みんなで研修する時間がとれないということを、よく

耳にします。確かに、時間の確保は大変ですが、だからと言って「できない」と言ってしまっては問題です。また、保育の課題の解決の道は一様ではないので、様々な視点から見てよりよい解決の道を見出していくことも必要です。まさに「専門家としての知恵」を絞る場としての園内研修のあり方が求められているのです。最後に、そのための工夫を紹介します。

1つ目は、園内研修が、初任も中堅も、さらにはベテランも各々に有意義な研修となるために、園内研修をコーディネートする人材を確保することです。初任も組織の一員として発言できる雰囲気をつくるためには、コーディネートはミドルリーダーに任せることが有効です。ミドルリーダーは、初任にアドバイスすることで、自らの保育を客観視する力をつけることができます。

2つ目は、教職員同士が課題を共有するための思考ツールの開発です。付箋を使い事前にテーマに沿ってそれぞれの考えを書き、話し合いに臨むなどの工夫がされています。限られた時間の話し合いや、それを次の話し合いにつなげていくために、思考ツールの活用等を工夫していきます。

3つ目は、カリキュラム・マネジメントの重点事項に沿って園内研修のテーマを設定し、年間計画を立てて、あらかじめ教職員に知らせておくことで、各自が事例収集ができるようにしておきます。また研修内容によって全体で話し合うこと、年齢ごとな

どのグループで話し合うこと等、話し合いの進め方を工夫します。

またグループごとに話し合う際に、各年齢から代表が1人出て、話し合うことも有効です。いつものメンバーとは異なる立場にある教職員と話し合うことにより、日頃の実践を別の視点から見ることができます。

4つ目は、園内研修会記録の作成です。園内研修や保育カンファレンスは、子どもの見方や保育の進め方について結論を出すというよりは、意見を交流させることが多くなるでしょう。「共有する」だけでなく研修の成果と課題を整理し、次につなげていくことも必要です。園内研修で話された言葉をすべて書き記すのではなく、何が研修の課題であったか、次の研修までに実践を通して確認していくことは何か等をまとめることで、改善の道筋ができてきます。また、その記録を園内研修に参加しない非常勤の教職員とも共有し、よりよい教育・保育に向けて園が改善しようとしていることに関心をもってもらうことも大切です。

5つ目は、園内研修を効果的に進めるためのミドルリーダーや中堅の存在です。コーディネーターや記録者、ファシリテーター等の役割を分担し、園内研修を有意義に進めていく役割を意識することです。

カリキュラム・マネジメントの核となる園内研修のあり方を再考し、幼児教育・保育の質向上をめざすシステムを定着させていきたいものです。

おわりに

　2017年3月に公示された『学習指導要領』等には、学校教育において育成すべき資質・能力の3つの柱が示され、これまでの学校教育に対して「アクティブ・ラーニング」と「カリキュラム・マネジメント」の2つの改善が提起されました。

　「アクティブ・ラーニング」は授業の改善を求めるものであり、「カリキュラム・マネジメント」は組織運営の改善を求めるものです。

　もちろん、幼児教育も、こうした学校教育改革の流れの中にあります。しかし正直なところ、中央教育審議会での議論では、幼児教育は小学校以上の教科等の学習を中心とする教育とは異なり「すでに主体的・対話的な活動を大事にしている」、また「子どもの実態に即してカリキュラムを見直している」という認識が前提となっていて、幼児教育で何を改善していくのかが明確になっていないところがありました。

　こうした受けとめを払拭したのは、園内研修にかかわる一連の研究の中で出会った、園長先生や教職員の方々の取り組みでした。まさに質の高い幼児教育・保育を実践している園には、開かれた組織があり、園内研修があります。そこには、カリキュラムを軸にして幼児教育・保育の質向上に組織的・計画的に取り組む組織文化がありました。

　今回、幼児教育におけるカリキュラム・マネジメントについて、1冊にまとめる機会をいただき、是非とも、この先進的な園の組織づくりを紹介し、幼児教育におけるカリキュラム・マネジメントにつなげていきたいと思いました。それが、冒頭に述べた「カリキュラム・マネジメントの確立は『新たな課題』ではない」ということです。まだまだ十分とは言えませんが、幼児教育におけるカリキュラム・マネジメントのめざすところを少しご理解いただけたでしょうか。今後、各園において「我が園のカリキュラム・マネジメント」を語り合いながら学び合う教職員集団をつくっていくこと、質の高い幼児教育・保育を展開していく組織文化をつくっていくことが一層求められるでしょう。

　本書が、魅力ある園をめざして、カリキュラム・マネジメントに真摯に取り組んでいる方々の参考の図書となることを切に願っています。

2019年6月

神長美津子

［著者］

神長美津子（かみなが みつこ）

國學院大學人間開発学部教授。国立教育政策研究所幼児教育研究センター上席フェロー。研究分野は、幼児教育学、保育学。中央教育審議会初等中等教育分科会教育課程部会幼児教育部会主査代理、幼保連携型認定こども園教育・保育要領の改訂に関する検討会委員を務め、2017年の『幼稚園教育要領』『幼保連携型認定こども園教育・保育要領』改訂に携わる。『わかりやすい！ 平成30年改訂 幼稚園・保育所・認定こども園「要録」記入ハンドブック』（ぎょうせい）、『はじめよう幼稚園・保育所「小学校との連携」──実践事例集─』（フレーベル館）、『幼児教育の世界』（学文社）など著書多数。

［協力（掲載順）］

箕輪恵美（東京都・中央区立有馬幼稚園 園長）

宮下友美惠（静岡県・静岡豊田幼稚園 園長）

宮里暁美（東京都・文京区立お茶の水女子大学こども園 園長）

五十嵐市郎（栃木県・宇都宮大学教育学部附属幼稚園 副園長）

本書は、『保育ナビ』2018年度4月号～3月号 連載「カリキュラム・マネジメントの実際」に、加筆・修正を行い編集しました。

表紙・本文イラスト / 齊藤 恵

編集協力 / こんぺいとぷらねっと

保育ナビブック

魅力的で特色ある園をめざして
よくわかるカリキュラム・マネジメントの進め方

2019年6月10日　初版第1刷発行

著　者　神長美津子

発行者　飯田聡彦

発行所　株式会社フレーベル館
　　　　〒113-8611　東京都文京区本駒込6-14-9
　　　　電話 〔営業〕 03-5395-6613
　　　　　　 〔編集〕 03-5395-6604
　　　　　　 振替　00190-2-19640

印刷所　株式会社リーブルテック

表紙デザイン　blueJam inc.（茂木弘一郎）

本文デザイン　アイセックデザイン

© KAMINAGA Mitsuko 2019
禁無断転載・複写　Printed in Japan

ISBN978-4-577-81471-0　NDC376　80P ／ 26×18cm

乱丁・落丁本はお取替えいたします。

● フレーベル館のホームページ　https://www.froebel-kan.co.jp/